안전을
넘어
행복으로

안전을 넘어
행복으로

발행일 2013년 1월 1일 초판 발행
2015년 10월 15일 1차 개정
저 자 김병진
발행인 정용수
발행처  예문사
주 소 경기도 파주시 직지길 460(출판도시)
도서출판 예문사
T E L 031)955-0550
F A X 031)955-0660

등록번호 / 11-76호

정가 : 15,000원

ISBN 978-89-274-1507-7   03040

이 도서의 국립중앙도서관 출판예정도서목록(CIP)은 서지정보유통지원시스템 홈페이지(http://seoji.nl.go.kr)와 국가자료공동목록시스템(http://www.nl.go.kr/kolisnet)에서 이용하실 수 있습니다.(CIP제어번호: CIP2015027252)

안전을 넘어 넘어 행복으로

김 병 진

YEAMOONSA
예문사

안전보건공단에서 27년간 일하는 사람의 생명과 건 강을 지키는 일을 수행해오면서 '사람들은 무엇을 위해 살아가는가?'라 는 질문을 수없이 던져보았다. 그리고 50 중반이 넘은 나이가 되니 나 름대로 그 질문에 대한 해답의 실마리를 찾게 되었다.

사람을 육신과 정신으로 구분해 보면 보다 분명해진다. 육신이 평온 하고 온전한 상태가 유지되는 것을 안전이라고 하고, 정신이 욕구와 욕 망이 충족되어 만족이나 즐거움을 느끼는 상태에 도달하는 것을 행복이 라고 한다. 한마디로 말해 사람들은 육신을 안전하게 하고 정신(마음)을 행복하게기 위해 살아가는 것이다. 다행히도 우리 주변에는 우리를 안전하고 행복하게 해주는 방법이나 길이 수없이 많이 있다.

예를 들어보자. 우리가 요청만 하면, 우리의 안전을 지켜주는 다양 한 서비스를 받을 수 있다. 안전보건공단 · 가스안전공사 · 시설안전공 단 · 119 · 교통안전공단 · 식품위생 · 건강관련 등 다양한 공공기관이 언제 어느 곳에서나 거미줄처럼 안전을 제공해준다. 또 우리의 정신을 위로하고 행복하게 해주는 안식처, 즉 교회·사찰 등도 우리가 시간을 내면 언제든지 서비스를 받을 수 있다.

그럼에도 우리는 이런 곳을 활용하지 않는다. 왜일까? 그것은 우리의 마음이 움직이지 않기 때문이다. 그래서 나는 어떻게 하면 사람들이 자신의 안전과 행복을 위해 좀 더 마음을 움직이게 할 수 있을까를 고민하게 되었다.

대단한 이론을 연구한 학자도 아니고, 글쟁이는 더더욱 아닌 처지에 이런 책을 내게 된 이유는 한가지다. 사람들에게 주변에 있는 안전하고 행복하게 해주는 수많은 서비스들을 이용하고자 하는 마음을 갖게 하고 싶어서이다. 이 책은 안전보건 분야에서 일하면서 직접 경험하고 터득해오면서 남은 여생동안 실천하고자 하는 생각들을 담았으며, 그동안 수많은 강의와 간담회를 통해 이야기해온 내용들을 정리한 것이다. 이 책의 단 한 구절이라도 누군가의 삶에 좋은 양분이 된다면 더 할 나위 없이 기쁠 것이다.

목마른 사람을 샘으로 인도할 수는 있으나 물을 마시는 것을 대신해 줄 수는 없다. 오직 목마른 사람 그 자신이 물을 마시는 것이다. 안전과 행복도 마찬가지다. 아무리 멋진 말로 안전과 행복을 강조한들 실행하지 않는다면 무슨 소용이 있겠는가. 안전하고 행복한 삶은 내면으로 이해하는 것도 중요하지만 생활 속의 실천이 더욱 중요하다.

부족한 글들이 모여 책이 되는 과정에서 많은 분들에게 도움을 받았다. 이 자리를 빌려 그분들 모두에게 감사의 인사를 전한다.

5

Contents

Chapter 02
지혜로운 삶

안전을 넘어 행복으로

안전한
삶

진짜 필요하고
값진 것

　'안전'이라는 단어는 일상생활에서 너무도 흔하게 말하고 듣고, 심지어 지키라는 강요까지 받는 말이다. 아마 가장 많이 언급되지만 그만큼 우리가 실천하지 않는 말 중에서 으뜸인지도 모른다. 늘 강조하면서도 실천이 되지 않는 가장 큰 이유는 무엇일까? 그것은 우리가 우리의 삶에서 안전이 진짜 필요하고 값지다는 것을 확신하지 않고 있기 때문이다. 지금 당장 스스로에게 두 가지 질문을 던져보자.

　첫째, 안전은 나에게 얼마나 필요한 것인가? 이 질문의 답은 쉽게 동물의 예에서 찾아볼 수 있다. 네이버 지식백과를 검색해 보면 초식동물인 기린은 하루에 약 1.9시간을 자는데 10분씩 쪽잠을 잔

다고 한다. 코끼리는
약 3시간, 얼룩말은
약 4.5시간을 잔다고
하는데 동물의 왕이라고
하는 사자가 되면 자는 시간

이 크게 늘어난다. 사자는 하루에 약 13.5시간을 자는데 배가 부를
경우에는 이틀이나 사흘 동안 자는 경우도 있다. 이밖에도 천정에서
매달린 채로 사는 박쥐는 약 19.9시간을 자고, 나무 구멍이 집인 다
람쥐는 약 15시간을 잔다고 한다.

　이처럼 동물들의 잠자는 시간의 차이는 무엇에서 비롯되는 걸까?
초식동물이 육식동물에 비해 잠을 적고 짧게 자는 이유는 안전 때문
이라고 한다. 육식동물이 초식동물보다 잠을 길게 자는 이유도 마
찬가지다. 초식동물은 육식동물로부터 언제 공격을 당해 목숨을 잃
을지 모르는 상황이므로 늘 긴장하고 경계를 해야 하므로 길게 잠
을 잘 수 없도록 진화되었을 것이다. 그래서 상대적으로 생명을 잃
을 위협에 덜 노출된 육식동물들은 그만큼 길게 잠을 잘 수 있는 것
이다. 이처럼 동물들의 예에서 알 수 있듯이 안전이 확보되느냐 그
렇지 않느냐의 여부는 생명체의 생존은 물론 그 속성까지도 지배한
다. 안전에 관한 한 우리 인간도 예외가 아니다. 안전은 우리의 생존
과 삶의 질을 결정하는 중요한 요인이다.

둘째, 안전은 얼마나 값진 가치일까? 안전사고는 태풍·폭우·폭염·폭설 등에 의한 자연적 재해는 물론 교통사고나 일상생활 중에 발생하는 여러 사고나 재해, 산업재해 등 다양한 종류가 있다. 이중에서 일터에서 업무로 인해 다치거나 사망하는 경우를 의미하는 산업재해를 예로 들어보자.

고용노동부가 발표한 산업재해 현황분석자료에 의하면 최근 10년 동안 일터에서 발생한 산업재해로 다치거나 사망한 사람들은 연평균 약 9만 여명이 넘고, 이로 인한 경제적 손실은 19조원이 넘는다. 이는 서울특별시의 1년 예산의 반에 버금가는 액수이다. 그렇다면 9만 이라는 숫자는 어느 정도로 심각한 수준일까? 맑고 푸른 바다가 있어 여름 휴가지로 사랑받는 강원도 속초시의 인구는 약 8만 3천 8백명이다. 지역 전체가 예절 바르고 옛 정취가 살아 숨 쉬면서 선남선녀의 애틋한 사랑을 간직하고 있는 전라북도 남원시. 이곳의 인구는 약 8만 5천명이다. 이처럼 연평균 산업재해로 다치거나 사망하는 9만 여명은 우리나라의 도시 하나를
구성할 수 있는 엄청난 숫자이다.

극단적으로 말하자면, 한 해에 도시 하나의 구성원 전체가 산업재해를 입는 셈이다. 아마도 이러한 상황이 한 도시에서 실제로 일어난다면, 그 도시는 재해자들을 위한 장애

인 시설을 갖추는데 재정을 모두 쏟아 붓는 파탄에 직면할 것이다. 설상가상 이런 재해가 매년 발생한다면 어떻게 되겠는가? 이것은 다른 나라의 이야기가 아니라 우리가 숨 쉬고 살아가는 이 나라에서 지금 발생하고 있는 실제상황이다.

　안전은 우리 생활 속에서 어느 한 순간도 잊어서는 안되며, 반드시 확보해야 하는 가장 중요한 과제이다. 안전은 생존을 위한 가장 기본적인 조건이면서 동시에 건강하고 행복한 삶의 전제조건이 된다. 우리 세대는 물론 후손들을 위해서라도 안전은 더 이상 미루거나 방치할 수 없다. 지금부터라도 당장 우리의 의식과 삶의 기반이 되는 다양한 시스템들을 안전을 최우선 가치로 바꾸고, 우리의 의식과 생활 속에 안전 DNA를 형성시키는데 모든 노력을 기울여야 한다.

위험을 볼 줄 알고,
작은 위험도
크게 보아야

오늘날 널리 통용되고 있는 '안전제일'이라는 단어의 개념을 정립하고 재해예방에 대한 체계적 이론을 확립한 것은 하인리히의 연구가 큰 몫을 담당하였다. 그는 오늘날까지 폭넓게 적용되고 있는 안전관리의 대표적 이론과 실천방법론을 제시하였다. 하인리히에 따르면 위험한 행동과 위험한 상태를 제거하면 사고는 일어나지 않는다고 한다. 맞는 말이다. 예를 들어 넘어지는 재해는 바닥의 물기나 기

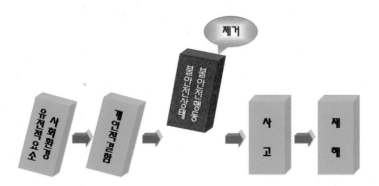

름기를 제거하거나 흐트러진 전선이나 공구를 정리정돈하면 발생하지 않을 것이다. 곰곰이 분석해보면 사고가 발생하고 그로 인해 재해를 입게 되는 근본원인은 위험을 볼 줄 아는 능력이 없기 때문임을 유추할 수 있다.

각종 사고의 발생을 줄이기 위해서는 먼저 위험한 행동과 위험한 상태를 예측할 수 있는 능력이 가장 중요하다. 그렇다면 이 '위험을 잘 볼 수 있는 능력'은 어떻게 가질 수 있을까? 이 질문의 답은 아주 가까운 곳에서 찾을 수 있다. 우리 주변에서 위험에 대해 가장 민감하고 잘 대처하는 사람들은 누구일까? 가장 쉽게 떠오르는 이는 아마도 어린 아기를 둔 엄마일 것이다. 아기 엄마는 이 세상에서 가장 위험을 잘 보는 능력자라고 할 수 있다. 이들은 안전기술사 등의 자격을 갖춘 전문가나 30년 넘은 사고조사 경력자들보다도 더 위험을 잘 본다고 말할 수 있을 것이다.

생각해보자. 결혼을 앞둔 남녀는 신혼의 단꿈과 행복이 넘치는 나날을 보낼 요량으로 신혼살림을 준비한다. 대리석 침대와 아름답게 장식된 화장대, 여러 종류의 화장품을 준비하고 둘만의 저녁시간을 보내기 위해 베란다에 예쁜 테이블과 의자를 놓는다. 매끈한 대리석 화장실 바닥과 드럼세탁기 등도 빠뜨릴 수 없다. 신혼 때에는 이 모든 도구와 살림살이들은 두 사람에게 폼도 잡게 되고 행복을 준다.

하지만, 둘 사이에 아기가 생기고 그 아기가 걷기 시작하면서부터는 모든 것이 바뀐다. 젊은 부부에게 행복과 편리를 주던 것들이 위험요소로 보이게 되는 것이다. 대리석 침대에서 아기가 떨어져 뇌진탕을 입지 않을까? 화장품을 손으로 만지다가 입으로 물어 유해물질을 섭취하진 않을까? 베란다 의지나 테이블 위에 올라갔다가 방충망을 밀고 추락하지는 않을까? 반들거리는 화장실 바닥에서 미끄러지진 않을까? 세탁기 안에 들어가서 질식하는 일은 없을까? 신부의 눈에는 행복으로 보이던 모든 것들이 엄마의 눈에는 내 아기를 해치는 흉기로 보이게 되는 것이다. 이처럼 누가 가르쳐주지도 않았는데도 두 살배기 아이의 엄마가 이 세상에서 위험을 가장 잘 보는 능력자가 되는 이유는 무엇일까? 그것은 아기에 대한 지극한 관심과 사랑 때문이다.

위험을 보는 능력은 관심에서 시작된다. 보다 더 안전한 삶을 향유하고 싶다면 관심을 가지고 위험 요소가 될 만한 것들을 예측해야 한다. 그리고 위험을 예측할 때는 침소봉대(아주 사소한 것이라도 그것으로 인해 큰 사고가 날 수 있다는 의미)하는 자세가 필요하다. 바늘을 몽둥이라고 과장하듯, 그것이 실제로는 십 원짜리 동전만한 크기의 위험일지라도, 아기의 안

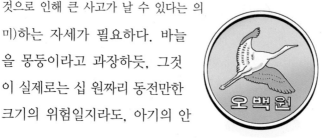

전을 생각하는 엄마의 눈으로 발생 가능한 다양한 경우의 수를 더해 오백 원짜리 동전 크기의 위험으로 생각해야 한다는 것이다.

안전사고의 출발은 '설마'하는 마음이다. '설마 이정도로', '설마 이까짓 것이', '설마 이런 작은 문제가' 라면서 대수롭지 않게 여기는 사고방식과 태도가 안전사고의 가장 큰 원인이 된다.

안전보건공단에서는 전 국민 안전의식 함양을 위한 슬로건을 '조심조심 코리아'로 정하고 세부행동 방침으로 '위험을 보는 것이 안전의 시작'이라고 강조하면서 다양한 홍보활동을 진행하고 있다. 안전은 심오한 이론이나 거창한 프로그램을 마련해야 하는 것이 아니다. 아기를 생각하는 엄마의 마음처럼 일상적이고 사소한 곳을 늘 관심 있게 바라보는 것에서 안전은 시작된다. 위험을 예측하고 볼 수 있는 능력과 자세, 이것이 안전의 첫 단추이다.

가치 있는 것은 때깔 나게 유지해야 한다

　우리에게는 저마다 자신이 가장 귀하게 여기는 물건이 있다. 흔히 '재산 1호'라고 칭하는 이 물건들은 경제적 가치가 높거나 남다른 의미를 가지고 있는데, 새로 구입한 자동차, 명품가방, 값진 미술품, 결혼반지, 연애시절의 애틋한 편지 등 각자의 사연만큼이나 수많은 물건들이 있다. 새로 마련한 자동차는 행여나 흠집이라도 날까 애지중지 관리한다. 명품가방은 비라도 맞을까 어깨에 꼭 둘러멘다. 값진 미술품은 도난 방지를 위해 꼭꼭 숨겨 놓는다. 이처럼 특정 물건을 꼼꼼히 관리하고 안전하게 보관하는 이유는 그것이 나에게

귀한 것, 즉 나에게 가치가 있는 물건이기 때문이다. 그것이 경제적 가치이든 아름다운 추억이든 나에게 소중한 존재이기 때문에 더욱 신경을 써서 관리하는 것이다.

그런데 이 모든 소중한 물건들보다 더 중요한 것이 있다. 바로 우리 자신이다. 우리는 누구나 목숨의 소중함을 잘 알고 있다. 그렇다면 자동차나 명품백보다도 더 소중한 목숨을 지키고 제대로 보존하기 위해서 우리는 어떤 관리 노력을 기울이고 있을까? 헌법에 보장된 인간존중의 권리는 목이 터져라 외치고 있지만 정작 내 자신의 목숨을 위해서는 별다르게 하는 일이 없는 것이 우리의 현실이다. 그 이유는 나의 목숨이 중요한 것은 알고 있다지만, 그것이 얼마나 소중하고 가치 있는 것임을 제대로 인식하고 있지 못하기 때문이다.

우리는 돈으로 환산할 수 없는 것들에 대해 심각하게 생각해야 한다. 건강할 때는 모르지만 심각한 병에 걸려 절박한 환자의 심정이 되면 생각이 달라진다. 건강하고 온전함 몸을 갖기 위한 비용을 계산해보면 천문학적인 숫자가 나온다. 미국의 한 전문의에 따르면 영혼을 제외하고 건강한 육신의 값은 무려 540억 원이라고 한다. 보통 사람의 머리카락 숫자는 약 10만개라고 하는데, 만일 민머리에 머리카락을 심는다면 한 가닥에 5,000원씩이라고 해도 10만개면 5억 원이 된다. 치아가 없어 명품 재질로 임플란트를 할 경우 하나에 약 2~3백만 원이 든다고 하니 32개면 1억 원이 든다. 하지만 아무리 좋은 재료를 쓴다 하더라도 본래 치아에 비할 수는 없을 것이다. 이 뿐만이 아니다. 간염이나 술 등으로 간이 손상되어 이식수술을 하게 되면 3억 원, 허리디스크나 파열로 인공디스크를 삽입하면 1,000만 원이 필요하다. 신경수술, 근육 등 건강한 상태의 몸을 만드는데 드는 비용은 그야말로 어마어마하다.

　백만 천만원도 되지않는 바닥의 물기를 제거하는 비용, 추락방지 망이나 안전난간을 설치하는 비용 등 안전확보를 위한 위험제거 비용을 아껴서 넘어지거나 떨어지고 부딪혀서 사망한다면 540억원과 천만원을 교환하는 꼴인데, 이것은 경제학적 관점에서도 합리적인 의사결정은 아닌것이다.

　이렇게 값진 자신의 몸은 소중히 하지 않으면서도 너무나 하찮은 것들을 애지중지하느라 몸을 상하는 경우는 얼마나 많은가? 우리는 세상에 오직 하나 밖에 없고 다른 것으로 대체할 수 없는 육신의 안전을 위해 어떤 관리와 투자를 하고 있는가? 자신의 몸을 더 안전하게 지키고 모든 기능이 원활히 작동되도록 유지하기 위해 많은 관심을 기울여야 한다. 온갖 위험으로부터 가장 안전한 상태로 자신을 관리할 수 있는 나에게 가장 적합한 방법을 찾아내야 한다.

재물은 잃으면 다시 모을 수 있고, 명예는 잃으면 소박하게 살면
된다. 하지만 건강은 한번 잃으면 다시 본래의 상태를 회복할 수 없
다. 설령 건강을 회복할 수 있다하더라도 엄청난 인내와 고통이 수
반되어야 한다. 우리의 목숨이 여럿이라면 안전한 삶에 대한 고민은
훨씬 덜 중요한 문제가 될 것이다. 그러나 우리의 목숨은 하나이고
인생은 한번 뿐이다. 굳이 '안전'이라는 이름을 붙이지 않더라도 단
한번 뿐인 인생, 단 하나 뿐인 몸의 가치와 소중함을 깨닫고 인정한
다면, 아무도 가르쳐주지 않더라도 지금 당장 나에게 필요한 행동이
무엇인지 알게 될 것이다. 후회 없는 멋진 인생을 위해 나의 안전을
관리하는 것보다 더 기본적이고 중요한 일은 없지 않겠는가?

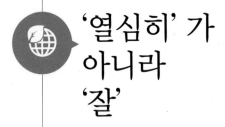

'열심히'가
아니라
'잘'

어떤 일을 열심히 하는 것과 잘하는 것은 어떤 차이가 있을까? '열심히'는 어떤 일에 몰두하면서 모든 관심과 에너지를 그 일을 위해 쓰는 행위를 의미한다. '잘'은 어떤 일을 제대로, 즉 소기의 목적을 성취하고 올바른 방향으로 진행한다는 의미를 가진다. 그러나 우리 사회는 이 '열심히'와 '잘'이라는 서로 다른 표현을 정확히 구분해서 사용하지 않는 경향이 있다. 이 두 가지 표현을 구분해서 사용하는 것은 사안에 따라 너무나 중요한 의미가 있다.

한 가지 예로, 우리 부모님 세대도 그렇지만 우리나라의 대부분의 가정에서 부모는 자식들에게 '공부 열심히 하라'라고 한다. 아마도 '공부 제대로 하라'라고 하는 부모는 많지 않을 것이다. 이렇다보니 부모들의 기대와 정반대의 상황이 벌어지기도 하고 자식들이 그들의 뜻과 다른 길로 가도 그것을 알아차리지 못하는 상황이 발생한다.

즉 아이가 실제로는 게임을 하거나 딴 짓에 하고 있는데도, 의자에 앉아서 골똘히 심취해 있으면 그저 열심히 공부하고 있다고 안심하는 것이다. 심지어 흐뭇한 마음으로 간식거리를 가져다주고 선물을 약속하거나 다른 이들에게 자랑하기도 한다. 그러나 이런 상황이라면 그 아이는 부모가 원하는 만큼 성적이 오르지 않을 것이다. 부모는 아이의 노력에 비해 성적이 오르지 않는다며 한탄하게 될 것이다.

설사 아이가 의자에 앉아서 게임이 아니라 공부를 하고 있었다 하더라도 그 방법이 잘못되었다면 '열심히'라는 것은 학업성취도와 성적을 높이는 데 아무런 도움이 되지 않는다. 우리가 흔히 말하는 '공부를 잘한다'는 것은 바른 목표를 가지고 그 목표  가 성취되는 과정을 가장 효율적으로 진행하는 것을 의미하는 것이지, 의자에 앉아서 많은 시간을 투자하는 것을 의미하지 않기 때문이다.

이러한 예는 얼마든지 찾아볼 수 있다. 직장에서 능력이나 효용성은 고려되지 않은 채 하루 종일, 혹은 야근과 철야까지 하면서 업무를 수행하는 사례는 얼마나 많은가? 이런 경우 성과가 없는 것은 물론이고 일을 그르치는 경우도 종종 나타난다. 그런데 더 큰 문제는 그렇게 '열심'인 사람을 근면한 사람으로 착각해서 좋은 평가를 하거나 심지어 승진시키거나 좋은 보직에 보임하는 등 혜택을 주는 경우가 비일비재하다는 것이다.

이와 반대인 사례도 있다. 그 일에 맞는 능력을 갖추었고 논점을 재대로 파악하여 업무수행의 틀과 이론적 무장을 겸비한 사람이 있다. 그는 짧은 시간 내에 업무를 수행해서 좋은 결과물을 얻었다. 하지만 그렇다 하더라도 그에게 직장 문화에서 원하는 행동이 부족한 경우 성실하지 못하다고 판단하거나 그가 이룬 성취를 간과하는 경우도 종종 있다. 이런 모순과 부조리는 우리 사회가 '열심히'와 '잘'을 제대로 구분하지 못하고 목적에 맞는 효율과 합리적 태도에 대한 인식이 부족해서 생겨나는 안타까운 상황들이다.

안전 분야 역시 마찬가지다. 과거에는 떨어짐·말림·협착·넘어짐과 같은 재래형 재해를 예방하기 위해서 일시적 수단을 적용한 경우가 많았다. 투자의 효용성·안전확보방법론의 최적성 등은 고려하지 않은 채 무작정 재해예방활동 만을 강조하는 식으로 깨진 독에 물 붓기를 해온 것이다. 그러나 이제 재해형태가 다변화되고 재해예방수단의 효율성, 업무나 공정의 다양성 등을 고려하게 되면서 과거의 무작정 '열심히' 하는 재해예방활동으로는 아무런 성과를 기대할 수 없게 되었다. 안전에 대한 분명한 목적을 가지고 그것을 이루고자 한다면, 산재예방 방법론, 산재예방 효과분석의 경제성, 실행의

신뢰성, 과학적분석과 예측시스템 등에 기초한 효율적인 안전활동을 추진해야 한다.

산업현장의 안전은 안전보건기준이나 절차를 열심히 지킨다고 확보되지 않는다. 먼저 해당 일터와 업무공정의 위험요소를 잘 파악하고 반드시 실행 가능한, 즉 지킬 수 있는 안전보건기준을 찾아내 확실하게 실행해야 비로소 그 결과를 얻을 수 있는 것이다. 거듭 강조하면 산업현장의 안전활동은 안전보건기준을 지키라고 열심히 구로를 부르짖고 코칭하는 것이 아니다. 정확한 기준을 찾아내고 그것이 잘 실행될 수 있도록 구조와 절차를 마련하여 효율적으로 진행할 때, 비로소 원하는 안전을 확보할 수 있다.

안전활동은 무작정 열심히 하는 것으로는 성과를 낼 수 없다. 안전활동을 제대로, 잘 하기 위해서는 '열심히' 라는 구호를 외치거나 열성적인 개인의 노력에 기대기만 해서는 안된다. 공신력 있는 전문가단체를 찾아가 자문을 구하고 방법을 찾아내고 모든 구성원이 함께 실천해야 한다. 즉 안전활동을 '잘'하기 위해서 안전보건공단과 같은 전문기관을 100% 활용하자는 것이다.

사회 다른 분야도 마찬가지겠지만 안전에 관해서는 열심히 하는 것보다 잘하는 것이 더욱 중요하다. 안전을 '잘' 실천하기 위해서는 안전 관련 공공 서비스 기관을 '잘' 활용하는 것이 첫걸음이 될 것이다. 전문기관들을 활용해서 그들로부터 체계적이고 효율적인 대책을 제시받은 다음, 마지막으로 스스로의 노력을 더한다면 틀림없이 더 안전한 일터와 건강한 사회를 만들 수 있을 것이다.

安全은
실천의 美學

안전은 잠자거나 놀거나 무관심한 상태에서 그저 얻어지는 것이 아니다. 구호나 피켓으로도 달성되지 않는다. 그렇다면 우리 사회에 안전보건제도가 완비되었다고 안전이 확보되었다고 할 수 있을까? 기대와는 달리 실제로는 그렇지 않을 것이다.

안전보건제도는 국민 · 근로자 · 사업주 · 정부에게 안전을 확보할 수 있다는 기대치를 제공하는 수단에 불과하다. 안전은 제도에서 부여된 그 수단들을 각자의 입장에서 어떻게 잘 지켜나가는가에 따라 확보될 수도, 그렇지 않을 수도 있는 것이다. 그래서 안전이라는 말은 그 속에 실천을 내포하

고 있다. 대한민국의 수많은 법안들 중 안전보건관련법만 무려 50여 가지가 넘는다. 각 제도를 하나씩 꼼꼼히 살펴보면 그야말로 선진국 수준으로 촘촘히 잘 만들어져 있음을 알 수 있다.

특히, 어떤 법령에 근거한 안전보건기준은 지나치게 친절하다고 할 정도로 구체적이면서 깨알처럼 방대한 분량으로 만들어 놓았다. 그럼에도 불구하고 현실은 어떤가? 눈만 뜨면 교통사고와 붕괴사고, 폭발화재사고, 승강기사고, 유독물누출, 각종 직업병 등이 광고라도 하듯 보도되고 있다. 더 심각한 것은 비슷비슷한 사고들이 계속 반복되고 있다는 것이다. 참으로 안타까운 일이 아닐 수 없다. 수많은 안전보건관련법이 있는데 도대체 무엇이 문제란 말인가? 그것은 바로 안전을 캠페인으로 얻을 수 있다고 생각하고 실천을 도외시하는 경향에서 원인을 찾을 수 있다.

필자의 경험을 이야기해보자. 1993년 중국 상하이를 방문했을 때였다. 그곳에서 '안전은 제도보다 실천이 중요하다'는 사실을 절 감한 사건을 경험했다. 지금 은 비교조차 할 수 없을 만 큼 발전되었지만, 1993년 당 시 중국의 산업은 우리나라의 60 년대 후반 내지 70년대 초반의 그것과

◎상해

유사했다. 그런데 한 가지 놀라운 사실은 안전보건제도와 관련해서는 이미 우리나라 수준이거나 부분적으로는 우리보다 훨씬 높았다는 것이다.

당시 상하이에서는 보이는 곳곳마다 안전이 강조되고 있었다. 특히 건설현장과 비료공장의 내외부에는 엄청난 숫자의 안전보건 관련 대형 플래카드와 포스터가 부착되어 있었는데, 모두 눈에 잘 띄는 검은 바탕에 붉은 글자로 디자인 되어 있었다. 그러나 요란한 안전 강조와는 딴판의 풍경이 내 눈을 사로잡았다. 포스터와 플래카드가 부착된 공장의 내부는 금방이라도 무너져 내릴 것처럼 낡은 상태였고, 굴뚝에서는 쉴 새 없이 시커먼 매연을 뿜어내고 있었다. 겉으로는 안전을 강조하면서 속으로는 온갖 위험에 무방비로 노출되어

있었던 것이다. 눈앞에 펼쳐지고 있는 위험천만한 광경은 나에게 너무도 당연한 사실을 다시금 일깨워 주었다. 그것은 바로 '안전은 구호보다 실천이 중요하다'는 생각이었다.

시간이 지나 지금 생각해보면 그와 같은 표리부동한 모습은 비단 중국 상하이에만 국한되지 않는다. 2015년 현재 우리나라의 모습도 그와 별반 다르지 않기 때문이다. 불행히도 우리 사회에는 여전히 안전을 구호로 외치면 된다고 여기는 경향이 성행하고 있다. 아직도 안전의 실천에 대한 관심이나 개념 자체가 부족하다. 촘촘히 만들어 놓은 안전보건법은 있으나 안전구호가 적힌 인쇄물을 제작하는 것 그 이상의 실천적 움직임은 좀처럼 보이지 않는다. 더 심각한 것은 이런 구호마저도 붙어 있지 않은 곳이 아직도 상당수이고, 그나마 구호라도 붙어 있는 곳에서는 그 이상의 실천은 이루어지지 않고 있다는 것이다.

혹자는 각종 안전사고로 얼룩진 우리의 현실을 우연히 발생한 불행한 시간으로 간주하기도 한다. 그러나 안전사고는 우연이 아니라 필연적인 결과이다. 우리가 열망해마지 않는 선진국은 단지 경제지수만을 가지고 판단하는 가치가 아니다. 오늘날 한 나라의 안전지수는 선진국과 후진국을 구분하는 결정적인 사항이 되고 있다. 현재 우리나라의 산업재해율은 OECD 국가 중에서 하위권에 속한다. 안전보건공단에서 발간한 자료에 의하면 사망만인비율(근로자 1만 명당

사망자수의 비율)은 미국의 약 3배, 일본의 약 5배, 영국의 약 25배나 된다. 한 가족의 가장이 이렇게 산업재해로 얼룩진 곳에서 위험에 노출된 채로 일을 하고 있는 것이다. 이것이 바로 경제적인 풍요로움이 반드시 행복한 삶을 의미함은 아니라는 것을 시사해주는 증거이다.

현재 삶의 질이나 행복지수에 있어서 우리나라는 여전히 후진국이다. 인정하기 싫지만 이 사실을 빨리 인식하고 절감해야 한다. 그리고 우리의 현실을 깨닫는 순간, 곧바로 실천적 발걸음을 옮겨야 한다. 태풍이나 자연재해는 사전에 계획을 잘 수립하고 예방활동을 잘하면 그 피해 정도를 줄일 수 있다. 일상에서 벌어지는 각종 사고도 마찬가지다. 사전에 예방에 힘쓴다면 일터의 산업재해는 100% 막을 수 있다. 우리의 현실을 직시하면서 충분히 안전을 확보할 수 있다는 확신을 가지고 실천해보자. 안전보건법에 열거된 수많은 내용 중에서 넘어짐 방지조치, 추락예방조치, 감김이나 협착예방조치, 이 세 가지라도 확실히 실천해보자.

안전은 실천할 때에만 그 의의가 있다.

안전은
나눔에서
시작된다

인류 역사에서 종교적 개념이나 종파를 떠나 3대 성현을 꼽는다면 대부분 예수, 석가, 공자를 떠올릴 것이다. 사후 오랜 시간이 지났음에도 이들이 인류의 크나큰 빛으로 인정받는 이유는 무엇일까? 그것은 아마도 우리 인류에게 다양한 가치지향적인 정신세계를 남겨주었을 뿐 아니라 '어떻게 살아가야 할 것인가' 라는 근본적인 물음에 대해 해답을 제시해주고 있기 때문일 것이다.

성현들의 삶과 교훈은 각기 다르다. 하지만 오늘날을 살아가는 우리들에게 그들의 가르침은 한 가지 공통점이 있다. 그것은 바로 나눔이다. 예수는 사랑, 석가는 자비(慈悲), 공자는 인(仁)을 인간의 근원적 감정으로 보았다. 예수의 사랑은 자기 아닌 다른 사람에게 베푸는 것이고, 석가의 자비는 자기 아닌 상대방에 대한 나눔이다. 공자의 인(仁) 역시 다른 이를 향한 것이다. 이처럼 성현들의 가르침은 나눔이라는 공통점을 가지고 있는 것이다. 더불어 그들은 실천의 중요성을 강조하면서 여러 가지 방법의 실천 프로그램을 제시했다.

사랑 · 자비 · 인(仁)에 대해서 보다 자세히 살펴보자.

우선 예수의 사랑, 즉 아가페는 타자로 대변되는 이웃과 신에 대한 사랑을 의미하는데, 그 사랑의 실천을 최고의 가치이자 구원의 상태로 본다. 석가모니의 자비는 불쌍히 여긴다는 의미의 범어 'maitri'에서 나온 자(慈)와, 동정 · 공감 · 함께 슬퍼한다는 뜻의 범어 'karuna'에서 비롯된 비(悲)가 합쳐진 말이다. '慈'라는 글자에는 온갖 생명체를 사랑하여 애지중지하며 즐거움을 준다는 의미가 함축되어 있고, '悲'는 온갖 생명체를 불쌍히 여겨 괴로움을 뿌리 뽑아 준다는 뜻을 담고 있다. 정리해보면 자비란 측은하게 여기는 마음으로 자애롭게 대하며 괴로움을 없게 하는 것을 말한다. 그래서 석가모니는 가난한 사람, 병든 사람, 천한 신분의 사람들과 함께 하면서 자신의 일생을 이들의 손을 잡고 이끌며 이들을 돕는데 바쳤다.

공자는 어떤가? 인(仁)이란 사람을 사랑함이라 했다. 공자는 인(仁)을 실행하는 기본원칙으로 '무릇 어진 사람은 자기가 서려고 하면 남을 세워주고, 자기가 이루고자 하면 남을 이루게 해준다' 또

'자신이 원하지 않는 것을 남에게 하지 말라'고 하였다. 이 역시 선의 기준을 타인과의 관계 속에서 규정한 것으로 나눔의 가치와 닿아있는 것이다.

　이러한 맥락에서 안전에 대한 개념을 생각해보면 어떨까? 안전의 출발은 타인에 대한 배려에서 시작된다. 특히 산업현장에서의 안전은 근로자에 대한 경영주의 배려에서 시작된다고 할 수 있다. 노동법제적 측면에서도 사용자에게 고용계약상 안전배려의무를 부여하고 있는 것을 보면 타인에 대한 배려의 의미가 더 분명해진다. 경영주는 고용관계상 근로자의 생명, 건강 등에 대한 침해가 생기지 않도록 안전·보건시설을 설치하거나 기타 산재예방조치를 강구해야 할 의무를 가진다. 근로자 또한 사업주가 배려한 안전시설을 함부로 해체하거나 안전한 작업방법을 무시하는 조치나 보호장구의 올바른 착용을 게을리 해서는 안 된다. 특히 오늘날 협력업체와 함께 공생하는 경영환경이 일반화된 상황에서는 도급인이 수급인인 협력사에

대한 안전보건을 확고히 담보해주는 배려가 아주 중요하다.

산업안전보건법령에는 사업주가 구체적으로 행해야 하는 안전 배려 의무사항이 상세히 제기되어 있다. 물론 그 배려를 받아들이고 실천해야 할 근로자의 자세 또한 자세히 명기되어 있다. 좀 더 구체적으로 사용자의 의무사항을 살펴보자. 안전보건관리체계를 구축하여 운영하는 것, 안전·보건상의 조치를 강구하는 것, 각종 유해·위험 기계·기구 및 설비에 대한 검사·인증을 받는 것, 올바른 방호장치설치 및 성능이 확보된 보호구를 구입하여 지급하는 것, 안전보건교육을 실시하는 것, 계획단계에서의 안전요소를 확보하는 것, 자체적으로 검사·감사활동을 하는 것, 근로자 건강관리 및 쾌적한 작업을 확보·유지하는 것 등이 있다. 근로자 또한 산업안전보건법령에서 정하는 산업재해예방을 위한 기준을 의무적으로 준수해야 하는데, 사업주 및 기타 관련단체에서 실시하는 산업재해예방에 관한 조치에 적극적으로 따라야 한다. 이처럼 노동법제적 측면이나 실정법인 산업안전보건법령에서 살펴본 내용들만 보더라도 안전은 경영주의 나눔의 자세에서 시작되는 것임을 짐작할 수 있다. 안전은 근로자를 고용한 이상 경영철학 속에서 반드시 실천해야 하는 항목인 것이다. 그래서 산업안전보건법에서는 의무주체를 사업주에 귀속시키는 것이며, 사업주에 대한 규제가 여타의 법령에 비해 강력하다.

선진국의 안전경영 패턴은 어떠할까? 잘 알려진 바와 같이 오늘날 선진국에서는 안전과 환경이 경영의 최우선 항목을 차지한다. 선진국에서 기업을 경영하면서 안전을 확보하지 못한다는 것은 더 이상 기업경영을 할 수 없다는 것을 의미한다. 안전보건공단의 자료에 의하면 이 같은 사실은 더욱 분명해진다.

미국 괌 지역의 S기업에서 실제로 발생한 사례이다. 1995년 3월 한국인 용접공 한 명이 공사 중 추락해 사망하는 사고가 발생하였다. 당시 미국산업안전보건청(OSHA)의 감독관이 사고현장을 실사했고, 그 결과 모두 118건의 산업안전보건법 위반사항을 적발하여 공사수주금액(650만 불)보다 큰 826만 불의 과태료를 부과하였다. S기업은 이러한 조치에 불복하고 즉각 소송을 제기했다. 그리고 이 소송은 OSHA가 S기업이 작성·제출한 안전보건 이행 프로그램을 승인(승인내용은 모든 현장의 근로자 교육 강화, 매주 추락방지회의 개최, 2년간 작업시작 전 체크리스트에 의한 현장점검 실시 등이었다)함으로써 과태료를 185만 불로 경감하는 것으로 마무리되었다. 이러한 사례에서도 알 수 있듯이 선진국에서는 안전이 기업경영의 가장 핵심적인 요소가 되고 있는 것이다.

그렇다면 오늘날 이런 제도적 여건과 선진국의 안전중심의 경영패턴을 고려할 때 우리의 경영주들은 어떻게 대응해야 할 것인가? 가야할 길은 명쾌하다. 바로 나눔의 미학을 실천하는 것이다. 경영주가 근로자의 안전을 위해 최소한 산업안전보건법령에 열거된 항목이라도 실천한다면, 그 자체로 근로자들로부터 존경받는 경영주가 될 것이다. 뿐만 아니라 자신이 일궈놓은 작업장은 노사가 함께 지키고 발전시켜나가는 지속가능한 일터가 될 것이다. 비약해서 말한다면 안전을 나눔의 미학으로 실천하는 경영주라면 그는 감히 예수, 석가, 공자와 같은 성현들의 가르침을 실천하는 지위에 있다고 할 수 있을 것이다.

지금도 늦지 않았다. 우리의 경영주들은 다시 거듭나는 각오로 안전에 대한 개념을 새롭게 마음에 새겨야 한다. 안전이 경영에 방해가 되는 규제사항이라는 생각에서 벗어나 나눔의 미덕을 실천한다는 더 큰 생각으로 바로서야 한다. 여기서 거듭난다는 것은 뱀이 허물을 벗듯이 그동안의 생각을 완전히 버리고 새로운 마음을 가져야 한다는 의미이다. 나아가 근로자 역시 경영주의 진솔한 베풂의 정신을 자신의 생명과 건강을 확보

해 주는 따뜻한 배려로 받아들인다면 지금 우리의 사업장은 더 건강하고 행복한 희망의 일터이자 신명나는 일터가 될 것이다.

안전은
소박한 경영에서
시작된다

오래 전에 어느 TV 프로그램에서 경상도의 외진 산골에 사는 70대 노부부의 사랑이야기를 보았다. 노부부는 비탈진 밭에서 콩, 수수 등을 재배하면서 황소(牛)와 함께 소박한 시골생활을 영위하고 있었다. 그들의 여러 이야기 가운데서 한 가지 에피소드가 인상 깊게 다가왔다.

이른 아침, 할아버지가 소여물을 끓이면서 소의 입맛을 돋우기 위해 넣는 깻묵(참깨에서 참기름을 짜고 남은 찌꺼기 덩어리, 보통 모양은 원형으로

압축됨)을 하나하나 손으로 으깨고 있었다. 그걸 본 리포터가 '왜 이렇게 하시느냐'고 물었다. 그러자 할아버지는 "기름집에서 위생적으로 했다고 하지만 혹시라도 깻묵 속에 쇳가루나 철핀 등의 이물질이 있을지 몰라 시간이 걸리더라도 하나하나 으깨어 넣는다"고 대답했다. 그리고 마지막에는 웃으며 '안전제일'이라는 말을 덧붙였다.

　이 이야기는 산업현장의 안전 및 건강과 관련해서 보면 많은 시사점이 있다. 그중 첫째는 안전에 대한 책임이다. 참기름집 주인은 깻묵을 만드는 제조자이다. 중간에 깻묵을 판매하는 이가 있거나 직거래일 수 있는데, 할아버지는 최종 소비자인 셈이다. 여기서 쇳가루 등 이물질을 골라내는 역할은 깻묵을 제조·판매·소비하는 과정에서 각 주체가 저마다의 여건에서 매번 그 책임을 진다. 제조자는 제조자로서, 판매자는 판매자로서, 사용자는 사용자로서의 책임이 주어진다는 것이다. 다시 말해 깻묵의 안전 확보는 어느 특정 단계에서만 이루어지는 것이 아니라는 사실이다.

　둘째는 안전은 반드시 시간을 필요로 한다는 것이다. 할아버지가 혹시라도 있을 깻묵 속의 이물질을 찾아내는데 걸리는 시간을 낭비라고 할 수도 있고 경제활동 측면에서 비효율적이라고 할 수도 있을 것이다. 사실 그렇게 여유 있는 시간은 외딴 산골의 소박한 생활이기에 가능할 수도 있다. 하지만 안전의 측면에서 본다면 상황은 달라진다. 할아버지의 안전을 더 크게 생각하는 마음과 시간 투자가 있었기에 황소의 안전이 확보될 수 있는 것이다.

오늘날 우리의 산업현장에서 필요한 부분이 바로 이것이다. 근로자의 안전과 건강을 위한 마음과 시간의 투자가 안전경영을 이룬다. 아무리 바빠도 최소한의 산업안전보건법령상의 조치의무를 간과해서는 안 된다. 다소 시간과 비용이 소요된다 하더라도 안전이 보다 더 중요한 가치임을 기억하면서 소박하고 여유로운 경영을 실천해나가야 한다. 당장의 효율을 위해 서두르고 시간을 아낀다고 해도 산업재해로 인해 돌이킬 수 없는 상황에 처하게 되면 알게 될 것이다. 그 비효율적이라고 치부했던 시간이 결코 낭비가 아니었음을 뼈저리게 후회하며 인식하게 될 것이다. 이것이 바로 오늘날 산업재해예방 활동에서 가장 중요한 장치인 감성·스킨십 활동인 것이다.

자! 이제 소박하고 여유로운 경영으로 근로자에게는 안전한 삶의 터전을 제공하고, 사업주에게는 생산성 향상과 물적 부담을 최소화하는 새로운 일터를 만들어보자.

안전 중심으로
흑자경영 이룩하자

벌써 13년 전의 이야기가 되어 버렸다. 나훈아가 부른 노래 중에 이런 대목이 있다. "세월아 너는 어찌 돌아보지 않느냐/ 나를 속인 사람보다 네가 더욱 야속하더라/ 한두 번 사랑 때문에 울고 났더니/ 저만큼 가버린 세월/ 고장 난 벽시계는 멈추었는데/ 저 세월은 고장도 없네"

세월은 한 치의 고장도 없이 야속하리만큼 잘도 간다는 넋두리다.

2002년의 일이다. 6월 한 달 남짓 지구촌 가족 모두가 『2002 FIFA WORLD CUP KOREA JAPAN』의 월드컵 경기를 즐기느라 시간가는 줄 모르고 지냈다. 그야말로 신선노름에 도끼자루 썩는 줄 모르고 지나간 듯하다. 전 세계가 축구공 하나로 동시에 응시하는 합일점을 보여주는 것이 마치 하나뿐인 태양의 작열함을 그대로 비쳐주는 듯 했다. 태양의 크기는 엄청나고 거대하지만 인류 모두가 동시에 볼 수는 없다. 그런데 태양과 비교도 되지 않을 만큼 작은 축구공은 인류 모든 이들의 가슴에 동시에 뜨거운 열정을 불러일으켰다.

축구공을 자세히 들여다보자. 2002년 당시 FIFA 경기규칙 제2조에 의하면 공은 둥근모양의 가죽 또는 승인된 재질로 만들며, 둘레 27~28인치(68~70cm), 무게 14~16온스(410~450g), 공기압력은 0.6~1.1기압이어야 했다. 거대한 태양과 비교하면 손톱만큼도 되지 않는 초라한 규모이다.

하나의 태양 아래 사는 우리 인류는 크고 작은 전쟁과 반목, 인종차별, 가난과 부자 등으로 분열되어 하나로 통합되지 못하는 세월을 보내고 있다. 그러나 하찮은 축구공 하나가 이념과 인종은 물론 가난한 이와 부자를 함께 열광하게 만들었다. 지난 1998년 프랑스 월드컵 당시 다민족 국가인 프랑스가 우승함으로써 인종 간, 계층 간 갈등 해소에 기여했다는 사실이 그 증거일 것이다. 우리나라 또한 2002년 6월에 그러한 경험을 했다. 우리 대표팀이 폴란드를 상대로 2:0으로 승리했을 때, 정치권과 언론

의 장난에 멍든 지역감정, 정치인에 대한 불신, 청소년 범죄를 통한 윤리부재 등 우리 사회를 병들게 하던 모든 것들이 눈 녹듯이 사라졌다. 그것은 단순한 승리가 아니라 월드컵 출전 48년 만에 이룬 본선 경기 첫 승리였고, 그 가치는 인류의 불치병 치료를 위한 신약 개발과 비교도 할 수 없을 정도였다.

이런 기적과도 같은 일이 축구공 '하나로' 가능했던 것이다. 이와 같은 '하나로'의 진정한 힘은 어디에 목표를 둘 것인가에 달려 있다. 이왕 숫자가 나왔으니 숫자이야기를 더 해보자. 기독교에서는 7을 천사의 숫자, 6을 악마의 숫자라고 한다. 불교에서는 3을 극락이라고 하고 4를 지옥이라 한다. 역사적으로 보면 동양과 서양은 서로 반대편에서 보기 때문에 생긴 개념이다. 즉 하나로가 아니라 둘로 보기 때문에 생긴 상대적 개념인 것이다.

그런데 동서양의 구분이 없는 '우리'라는 가치를 찾을 수도 있다. 완전하고 부족함이 없는 이상적인 숫자 10이 그것이다. 기독교의 악마와 불교의 지옥을 합하면 그 결과는 10이 된다! 긍정의 긍정은 금상첨화요, 부정의 부정은 긍정이라는 국문법적 표현이 있다. 이는 영문법에 의하면 긍정보다 높은 긍정을 강조하는 표현이 된다. 국문법이든 영문법이든 하나의 의미를 지향하고 있는 것이다. 서양에서 7과 6, 동양에서 3과 4, 이들 각각의 숫자는 대립과 반목, 저주, 불신의 표현이다. 그러나 사야를 넓혀 동서양을 통합한 세계의 가치에서 본다면 모든 지역에서 10은 이상이자 영생을 의미한다.

 필자는 이른바 악마와 지옥이 합쳐진 10이 되었는데, 오천만 대한민국 국민이 하늘로 뛰어가는 기막힌 증거를 찾아냈다. 이는 천기누설에 해당된다고 봐야 할까? 그것은 우리나라와 폴란드가 경기하던 날, 바로 6월 4일이었다. 서양의 악마(숫자 6)와 동양의 지옥(숫자 4)이 합쳐진 바로 그날, 우리는 승리한 것이다. 만일 6월 3일 또는 6월 7일에 경기를 했다면 어땠을까? 외람되지만 불행한 결과가 났을지도 모른다. 왜냐하면 악마와 극락, 악마와 천사가 모였으니까!

자, 그럼 다시 우리의 관심으로 돌아가서 안전과 건강에 대해 이야기 해보자. 산업현장에서 근로자와 사업주가 따로국밥이 된다면 대립, 갈등, 저주, 파괴, 공멸은 불 보듯 뻔한 일일 것이다. 그리고 근로자와 사업주가 '우리'라는 깃발 아래 모인다면 모두가 평화와 존중, 해결과 행복을 누릴 수 있을 것이다. 그렇다면 이때 대한민국 국민 모두가 축구공으로 하나가 되었듯이, 근로자와 사업주를 '우리'라는 깃발 아래 뭉치게 할 수 있는 '하나'는 무엇인가? 그것은 바로 생명이다. 인간의 존엄성과 그 실천 프로그램인 안전과 건강이다. 이제 산업현장에서 하나로! 안전중심으로! 흑자경영을 향해 나아가자.

'진인사대천명(盡人事待天命)'이라는 말이 있다. 사람으로서 할 일을 다하고 하늘의 뜻을 기다린다는 의미이다. 이 말은 결국 '하면 된다'

와 일맥상통한다. '盡人事–하면'이고 '待天命–된다'이다. 더도 말고 덜도 말고 반만 하면 된다. 가수 이정현은 '반'이라는 노래에서 "반만 나를 믿어봐/ 반만 나를 닮아봐/ 정말 사랑하다가 끝나도 후회 없도록/ 암만 사랑해봤자 뒤돌아서면 남이야/ 어차피 이 세상에서 완전한 사랑은 없어" 라고 했다.

사업주 여러분! 가장 가까이 있는 근로자의 안전과 건강을 위해 더도 말고 반만 투자합시다!

사업주의 반과 근로자의 반이 합쳐지면 완벽해진다. '진인사대천명'이나 '하면 된다'에서 사람이 할 일은 '반'에 해당하는 '진인사' 또는 '하면'이다. 이제 사업주와 근로자가 하나가 되어 안전을 확보하자. 그러면 흑자경영의 길이 펼쳐질 것이다.

염통 썩는 줄 모르고 손톱 밑 가시에 아파한다

조금만 여유를 가지고 관찰해보면 우리가 얼마나 어리석은 삶과 지혜롭지 못한 투자를 하는지 알 수 있다. 우리는 아무리 바빠도 옛 것을 되돌아보고 성현들의 말씀에 귀 기울이면서, 현재의 삶 속에서 그것들을 접목시켜나갈 필요성이 있다. 얼핏 보면 현대인은 무척이나 똑똑해 보인다. 그러나 자세히 뜯어보면 '헛똑똑'이라는 것을 알 수 있는 증거를 얼마든지 발견할 수 있다.

우리가 자주 들었던 옛말 중에 '염통이 썩는 줄 모르고 손톱 밑 아린 것에 아파한다'는 구절이 있다. 이 말은 우리에게 시사하는 바가 크다. 특히 안전이 기업경영의 핵심

요소로 인식되는 오늘날, 이 말은 남다른 의미를 지닌다.

우선 이 어구의 의미를 살펴보자. 이 말은 염통이 썩고 있는데도 당장 눈에 보이지 않기 때문에 치료는 고사하고 진단마저 하지 않고 방치해두지만, 손톱 밑의 작은 상처는 병원을 찾아가 치료한다는 것이다. "손가락을 절단해야 하나요? 며칠간 입원해야 하나요? 제일 좋은 약과 치료방법으로 해주세요!" 하면서 요란을 떨 것이다. 손톱 밑 상처도 분명 치료해야 할 아픔이지만, 염통이 썩는 것에 비하면 정말 하찮은 사안이다. 염통이 썩는다는 것은 곧 죽음을 의미하기 때문이다. 더 위험하고 중대한 사안을 방지한 채 사소한 문제와 씨름하는 것은 얼마나 멍청하고 우스꽝스러운 일인가. 이 말은 결국 어떠한 것이든 더 근본적이고 보다 가치 있는 것이 무엇인지 판단하고, 늘 우선순위를 정해서 해결하라는 교훈을 품고 있다.

우리는 정치권의 비리와 관련된 뉴스를 자주 접한다. 수억 원대의 뇌물수수니 골프모임이니 거물급 인사가 검찰에 출두했다느니 하는 식의 뉴스가 자주 보도된다. 그것을 보는 심정은 참으로 답답하다. 정치인들의 부정부패는 당연히 심각한 문제이고 우리 사회에서 중요하게 다뤄져야할 사안이다. 그러나 근로자의 생명과 건강에 비하면 보잘 것 없는 이슈라 할 것이다.

우리나라에서 산업재해로 사망할 경우, 사망자 1인당 3억 원이 훨씬 넘게 보상이 이루어진다. 그런데 이러한 사망자 숫자는 1년에 무려 2,000여 명에 이르고 있다. 연간 경제적 손실액이 19조원이 넘는 것이다. 이처럼 산업재해로 사망하거나 부상당하는 문제가 되풀이 되는 것을 염통이 썩는 것이라 본다면, 정치권의 비리 문제는 손톱 밑의 상처에 불과하다. 산업재해가 그 만큼 더 심각하고 중대한 사인이라는 것이다. 하루빨리 진단하고 치료법을 찾아내야 한다. 산업재해의 실상이 어떤지 정밀 진단해야 한다. 개별 기업의 경영을 파괴적으로 잠식하는 불안전하고 유해한 환경에 대해 하루빨리 치유 대책을 수립해야 한다.

국제적인 가치에서 봐도 산업재해는 염통이 썩는 것에 해당한다. 국제노동기구(ILO)에서 발표한 내용을 보면 산업재로 인해 2001년도에만 33만 5천여 명이 사망했고, 약 250만 명이 재해를 당했으며, 국가 성장률의 4%에 해당하는 막대한 손실을 입었다고 한다. 이처럼 산업재해는 전쟁보다 더 많은 인명 손실을 가져오고 있으며, 1년 내내 뼈 빠지게 노력해도 전 세계가 1~2% 수준의 경제성장에 머물렀던 것을 보더라도 심각한 수준임을 알 수 있다. 오늘날 산업재해는 인류의 염통이 썩는 중대 사안임에 틀림없는 것이다.

그렇다면 경제적 측면에서 볼 때 우리나라의 산업재해는 어느 정도일까? 결과부터 말하자면 산업재해로 인한 경제적 손실액은 노사분규로 인한 생산차질액과 비교할 수 없을 정도로 많은데, 심지어 매년 반복되고 있다!

영국보건안전청(HSE)의 발표를 보자. 영국보건안전청이 1991년에 발표한 연구결과에 따르면 산업재해로 인한 간접손실비용은 업종에 따라 큰 차이가 있으나, 직접손실비용의 8~36배에 이르는 것으로 나타났다. 업종별 직접손실비용과 간접손실비용의 비율은 운수업(1:8), 건설업(1:11), 유전업(1:11), 낙농업(1:36) 등이다. 이런 비율에 따라 계산해보면 연간 간접손실비용은 최소 11조 6,000억 원에서 최대 52조 2,400억 원에 이르는 것으로 추정된다. 또한 연간 산업재해로 인한 사망자 숫자인 2,000여 명은, 흡사 747항공기 2대가 승객을 가득 실은 채 비행 중 정면충돌하여 탑승자 전원이 사망하는 대형사고가 매년 2회 이상 발생하는 것과도 같다. 만일 이러한 항공기 사고가 우리나라에서 실제로 발생한다면 국민들이 항공기 탑승을 기피할 것은 물론, 국가 신인도에도 악영향을 미쳐 경제 전반이 곤두박질 칠 것이다. 다시 말하면 산업재해로 인해 우리나라의 심장이 썩고, 그 결과 경제 전체가 박살나는 것이다.

안전하고 쾌적한 산업사회 창조는 이제 더 이상 미룰 수 없는 지상

과제이다. 지상과제를 실천하는 첫 단추는 바로 경영주의 안전에 대한 새로운 인식이다. 경영주의 생각 속에 안전이 회사경영을 악화시키는 손실비용이 아니라 회사 손실을 방지해주는 투자비용이라는 인식으로 뿌리 내려야 한다.

선진국은 물론 최근 국내기업에서도 경영주의 안전에 대한 새로운 인식을 회사경영에 투영한 사례가 있다. 안전보건공단의 책자 중에서 몇 가지를 소개하면, 미국 듀퐁사에서는 1996년도에 산업재해를 50% 줄인 결과 매출액은 20% 증가했고 주가는 105% 향상되었다고 한다. 1994년 미국에서는 250여 사업장이 VPP 운동[1982년부터 VPP제도를 시행하고 있는데, 이는 법적 의무사항은 아니고 사업장의 안전경영시스템을 평가하여 등급별로 혜택을 부여하는 제도이다. 평가기관은 안전보건청(OSHA)이며, 10개의 평가항목과 2종류(STAR, MERIT)의 등급으로 구분하고 있다]에 참여했는데, 이들 사업장에서 1억 불의 경제손실 감소효과를 가져올 수 있었다. 노르웨이의 경우에도 1980년부터 위험성이 높은 유전설비에 한하여 기업 내에 안전경영시스템을 구축하도록 의무화하였는데, 10여 년 동안 이를 시행한 결과 좋은 성과를 거든 것으로 평가받고 있다. 그런가 하면 우리나라에서도 KOSHA18001 인증이 활성화되고 있어 고무적이라 할 것이다.

한국의 K기업과 다른 국가의 기업들이 해외 어느 기업의 도급계약 입찰에 응하는 과정에서 실제로 있었던 일이다. K기업의 담당임

원이 서류순서가 바뀐 것을 발견하고 서류철의 스태플러 철심을 이로 뜯어냈다. 그런데 이 장면을 원청기업의 사업주가 목격했고, 그는 서류 심사도 하지 않은 채 그 즉시 K기업을 입찰에서 퇴장시켰다. 이유는 경영주의 안전의식 때문이었다. 이로 스태플러 심을 뽑는 행동은 우리가 볼 때 별게 아닐 수 있지만, 그들의 시각에서는 안전의식의 부재로 평가되었다. 따라서 원청기업의 사업주는 안전의식이 미흡한 K기업에게 물품제작을 맡길 경우 안전관리 소홀로 산업재해뿐만 아니라 불량제품이 납품될 우려가 크다고 판단했기 때문에 입찰자격을 박탈했던 것이다.

이와는 반대의 경우도 있다. D정밀주식회사는 원재료 절단 작업 시 노후된 쇠톱날이 부러질 가능성에 대비해서 수명의 80% 정도에서 쇠톱날을 교체했다. 또한 절단작업 시 강철이 튀는 것에 대비하여 근로자에게 안전모를 착용하게 했다. 그 결과 작은 변화였음에도 사고발생이 현저히 줄어들고 불량률이 감소되는 효과를 가져 올 수 있었다. 자체조사에 따르면 5~6% 수준이던 초기불량률이 0.3%로 크게 감소되었다고 한다.

우리는 이제 모든 산업현장에서 안전을 기업경영의 주요 요소로 삼고 이를 구체적으로 실천해나가야 한다. 선진국에서 활발히 운영하고 있는 성공적인 안전경영의 방침과 시스템 안전, 현장 자율안전 실천프로그램 등을 적극적으로 도입해서 우리 일터에 안착시켜야 한다. 특히, 사업주나 근로자가 스스로 위험을 찾아내고 감소시킬 대책을 수립·시험하는 위험성평가활동은 아주 의미있는 것이다. 이는 지금 이 순간 우리 기업의 썩고 있는 염통을 찾아내고 이를 치유하는 중요한 일이라 할 것이다.

안전 확보를 위한 전제조건

산업재해는 피해를 입는 당사자인 근로자와 그를 고용한 사업주는 물론 국가사회 전체에 심각한 문제를 야기한다. 따라서 근로자와 사업주뿐만 아니라 사회 구성원 모두가 산업재해의 근절을 위해 노력해야 할 책임이 있다. 산업재해를 방지하는 방법이나 전략은 다양하다. 그중에서도 우선 근로자, 사업주, 그리고 사회 구성원인 우리 모두가 어떻게 행동해야 할 것인가에 대해 3가지를 생각해 보자.

첫째, 정보와 지식은 정확해야 한다.

우리나라 사람들은 대부분 화투놀이를 알고 있으며 이를 즐긴다. 10년 이상의 경력을 가진 이들이 수두룩하다. 그렇다면 10년 이상 오랫동안 화투놀이를 하면서 얼마나 많은 정보를 정확하게 알고 있을까? 두 가지 질문을 던져보자.

먼저, 새로운 화투를 구입했을 때 화투는 모두 몇 장일까? 48장, 49장, 51장, 54장 등 다양한 답이 나올 것이다. 그러나 정확하게 말하면 전부 틀린 대답이다. 화투놀이의 종류는 고스톱, 민화투, 육백, 삼봉, 뽕, 도라지꼬땡, 두장보기 등 매우 다양하다. 그리고 게임마다 사용되는 화투의 수도 제각각이다. 실제로 새 화투를 세어볼 경우 30여 년 전이라면 아마 48장이었을 것이다. 그리고 몇 년이 지나 다이아몬드 또는 두꺼비 조커가 한 장 더해져 48+1장이 되었다. 화투도 팔광이나 두꺼비 조커를 비교해보면 모양 · 크기 · 색깔 · 두께가 조금의 차이도 없이 같다. 따라서 당연히 두꺼비 조커도 화투를 구성하는 전체 숫자에 포함시켜야 한다. 또 몇 년이 지나면 조커가 두꺼비뿐만 아니라 돌려피, 쓰리피

가 더해져 3장이 된다. 이제 화투의 총수는 48+3이 되는 것이다. 그런데 최근에 어르신들이 화투치는 것을 구경해보니 조커가 무려 5장까지 있었다. 오늘날에는 화투숫자에 대한 다양한 논의가 있다. 그러나 일반인에게 가장 널리 통용되는 화투의 총수는 48+3이 정답일 것이다.

다음 질문은 '화투는 몇 등급으로 분류되며 등급별 숫자는 어떻게

되는가'이다. 마치 인도의 카스트제도처럼 화투는 4등급으로 분류되는데 껍질은 24+3장, 5끗은 10장, 10끗은 9장, 광은 5장이다. 바로 여기서 필자는 아주 큰 의미를 찾을 수 있었다. 많은 사람들이 10년 이상 화투를 즐겨왔음에도 화투의 정확한 숫자를 자신 있게 제시하지 못하는 이유는 무엇일까? 그것은 그동안 숫자를 몰라도 화투를 가지고 노는 데 아무런 지장이 없었기 때문이다. 만일 숫자를 몰라서 돈을 잃거나 따는 데 지장이 있었다면 아마도 반드시 정확한 숫자를 알아두었을 것이다. 그러나 실제로는 그렇지 않았기에 화투놀이를 수십 년을 했든, 오늘 처음 시작했든, 화투에 대한 정보의 수준은 별반 차이가 없는 것이다. 안전보건에 대한 정보도 마찬가지다. 연일 새롭게 수많은 안전보건 정보가 쏟아지고 있지만, 사람들의 산업재해예방에 대한 지식수준은 과거나 지금이나 별반 다르지 않다. 그 이유는 안전보건을 실제로 적용하고 실천하고자 하는 의지가 부족하기 때문이다. 도무지 실천에 대한 의지를 찾아볼 수 없는데, 머릿속에 복잡한 안전보건 지식과 정보를 정확하게 숙지하고 있을 것이라 기대할 수는 없을 것이다. 그러나 법령의 내용이나 각종 기준에 대한 수치들을 정확한 이해 없이 대충 아는 대로 산업재해 예방활동에 적용한다면 어떻게 될까? 그로 인한 손실은 피할 수 없게 된다.

둘째, 규정을 만들고 만들어진 규정은 모두가 반드시 지켜야 한다.

고스톱을 가지고 생각해보자. 고스톱은 일정 인원이 되어야 재미있게 즐길 수 있다. 국회가 일정한 수의 국회의원이 모여야 의결되는 것과 마찬가지 이치다. 고스톱은 2명, 3명도 좋고 혼자서도 거울을 보며 연습할 수 있다. 그러나 재미있고 술도 한잔씩 기울이면서 즐기려면 5명 정도가 가장 적당하다. 3명은 게임을 하고 2명은 광을 팔고, 그 시간에 쉬는 사람은 술과 안주를 먹으면서 직장이야기, 또는 세상 돌아가는 이야기를 나누면서 화기애애하게 진행할 수 있는 것이다.

고스톱의 구성원 다섯 명을 甲, 乙, 丙, 丁, 戊 이라고 가정해 보자. 이 다섯 명이 모이자마자 하는 일이 있다. 바로 규정을 만드는 일이다. 마치 국회의원처럼 甲, 乙, 丙, 丁, 戊 모두가 자신들의 법안

을 제출한다. 국회는 여야가 법안을 심의하면서 싸우기도 하고 단상을 점거하기도 하지만, 고스톱 법안은 거의 만장일치로 통과되는 것이 관행인 듯싶다. 보통 제출되는 고스톱 법안의 내용은, 점당 얼마로 할지, 상한은 얼마, 흔들고 싸면 얼마, 연사가 있나 없나, 첫뻑은 얼마, 쌍피를 1장으로 할까 3장으로 할까, 국조 열끗을 쌍피로 할까 말까, 청단·초단일 때 약값을 팔 수 있나 등 대략 15개의 조문으로 구성된다. 그리고 게임이 시작된 후 한 시간이 지났을 때, 丙에게 매조(2) 4장이 들어왔다. 丙은 처음 정한 15개 조문을 머릿속으로 환기하면서 동일한 숫자의 4장이 들어올 경우의 이익에 대해서는 어떠한 규정도 정해두지 않았음을 떠올린다. 丙으로서는 어쩌다 한번 올까 말까하는 기회를 그냥 넘길 수가 없다. 잠깐의 고민 끝에 丙은 상기된 얼굴로 개정안을 내놓는다. 같은 수가 4장이 들어오면 얼마로 할 것인지, 자신의 의견을 낸다. 甲은 丙이 제출한 개정안이 마음에 들지 않는다. 하지만 어차피 정해두어야 할 규정이기에 2만 원으로 하자고 응답한다. 곧이어 乙, 丁, 戊도 찬성하자 그 개정안은 만장일치로 통과된다. 이때다. 개정안이 통과되자마자 丙은 보란 듯이 매조 넉 장을 꺼내놓는다. 이렇게 1개의 조문이 추가되었고, 모두 16개 조문이 이날 고스톱게임의 규정이 된 것이다.

여기서 또 다시 질문을 해보자. 우리가 고스톱 게임을 하는 목적은 무엇인가? 도박꾼이 아니라면 그것은 대부분 친목과 오락을 도모하기 위해서일 것이다. 물론 그 친목을 다지는 과정에는 돈을 따는 것도 포함되어 있다. 여기서 우리가 주목해야 할 것은, 고스톱이 친목과 오락을 위한 놀이임에도 시작하기 전에 반드시 일정한 규정을 만들고, 일단 만들어진 규정은 구성원들이 잘 지킨다는 사실이다. 그래야만 목적대로 친목을 도모하면서, 비록 허리는 아플지 모르지만 새벽닭이 울 때까지 재미있게 게임을 진행할 수 있기 때문이다. 만일, 이 게임의 구성원 중 누구 하나라도 규정을 어긴다면 어떻게 될까? 그 게임은 지속되지 못하고 일찍 파하거나, 심하면 감정을 상하게 될 것이다.

이처럼 하찮은 화투놀이에서도 일정한 규정이 있어야 하고, 구성원 모두가 그 규정을 지켜야만 목적한 바를 달성할 수 있다. 초점을 산업재해예방활동에 맞춰보자. 산업재해예방활동은 단순한 친목과 오락이 아니라 근로자의 생명과 신체보호라는 중대한 가치를 지닌다. 만일 산업재해예방활동을 근로자 또는 사업주에게 모두 일임하거나 방치한다면 어떻게 될까? 불 보듯 뻔한 결과를 피할 수 없을 것이다. 산업재해예방활동을 함에 있어, 세밀한 규정을 만들고 만들어진 규정을 개별 사업장 소속 근로자와 사업주가 반드시 준수해야 한다. 그래야만 원하는 소기의 목적을 이룰 수 있는 것이다.

따라서 우리나라는 국가 전체를 하나의 커다란 사업장으로 보고 보편타당한 이상적 규정으로써 산업안전보건법령을 만들어서 제시하고 있다. 또한 제시된 규정을 모태로 개별 사업장별로 저마다의 상황에 맞는 유연한 규정들을 만들어서 실천하도록 운영의 자율을 보장해 주고 있다. 복잡하게 생각할 필요가 없다. 화투놀이를 떠올리면 누구나 쉽게 이해할 수 있는 자명한 이치다.

셋째, 발견된 진실의 내용은 누구에게나 항상 진실하게 제공되어야 한다.

이왕 화투이야기로 시작했으니 이 부분도 화투를 가지고 이야기해보자. 화투놀이가 아무리 재미있게 진행되더라도 다음날 새벽 다섯 시에는 끝을 내야 한다고 가정해본다. 그렇다면 그 이후의 시간계획과 벌어질 내용은 어떠할까? 모두가 같은 회사의 직장인일 경우 새벽 5시에 게임이 끝나면 6시경 집으로 향할 것이다. 그리고 오전 8시에 회사에 출근한다. 이럴 경우 아침 6시에 만나는 사람은 부인이다. 8시에는 회사에서 어젯밤 게임에 동참했던 동료들과 마주하게 될 것이다. 이처럼 시간이 경과하면서 다른 만남이 이어지는 동안 새벽 5시까지 화투놀이를 즐겼던 甲, 乙, 丙, 丁, 戊, 이 다섯 사람의 저마다의 진실은 과연 드러날 수 있을까? 누가 얼마나 땄으며 어젯밤 화투놀이의 진정한 승자는 누구인가 하는 진실을 말하는 것이다. 사실 화투놀이에서의 진실은 게임을 진행하는 동안에는 제대로 파악할 수 없는 경우가 대부분이다. 게임을 하는 동안 화장실에 가거나 전화를 하기 위해 자리를 벗어나는 경우도 있기 때문에, 서로의 호주머니 속사정을 정확히 알기 어려울 것이다. 그러나 개개인이 본인의 주머니 사정은 분명히 알 수 있다.

만일, 甲이 10만 원을 땄고, 乙이 5만 원을 잃었으며, 丙은 본전, 丁은 2만 원을 땄고, 戊는 7만 원을 잃었다고 가정해보자. 5만 원을 잃은 乙이 6시에 집에 가서 초인종을 누른다. 처음 마주치는 부인이 "어제 丁의 집들이에 가서 화투친 결과가 어떻게 되었느냐?"고 묻는다. 이때 乙은 진실을 말하지 않는다. 자신의 비자금 2만 원 중 1만 원을 꺼내, 2만 원을 땄다고 하면서 아내에게 건넨다. 점심때 맛있는 탕수육이나 시켜 먹으라고 덧붙이면서. 왜냐하면 어제 잃은 돈을 되찾기 위한 게임을 위해 또 한 번 외박의 승낙을 얻어내야 하기 때문이다. 만일 밤새 화투를 쳤는데 돈까지 잃었다면 누가 좋은 소리를 하겠는가!

이번에는 10만 원이나 딴 甲의 행적을 쫓아보자. 그는 집에 가서 부인과 어떤 대화를 나누었을까? 당신이라면 사실대로 10만 원을 땄다고 대답할 것인가? 그러나 甲은 영리하다. 10만 원을 땄다고 하면 최소 5만 원을 헌납해야 하므로, 5만 원 정도 땄다고 말한다. 그리고 기분이라고 선심 쓰듯 2~3만 원을 꺼내 부인에게 쥐어준다. 아침 8시에 출근해서 전날 밤 함께 화투놀이를 즐겼던 이들이 휴게실에 모였다. 한잔씩 커피를 마시면서 서로에게 이런 질문을 던진다. "어제 누가 먹었지?" 그러나 이들 중 누구도 '내가 땄다'고 대답하지 않는다. 그 대신 다들 잃었다고 엄살을 떨어댄다. 왜냐하면 '돈을 땄다'라고 하면, 점심을 사라고 할 테니까 말이다.

"三父子가 노름을 해도 새벽에 목침만 날아다닌다"라는 말은 이런 이유로 나온 것이다. 부자지간에도 노름의 진실은 밝혀지기가 어렵다는 이야기다. 자! 여기서 우리가 기억해야 할 것은 무엇인가? 진실은 언제나, 누구에게나, 똑같이 전달되어야 한다는 것이다. 어느 자리에서든 누구에게든 같은 내용으로 전해지지 않는다면 그것은 진실이 아닐 가능성이 높다.

산업안전보건의 가장 기초적이고 기본적인 진실은 바로 산업안전보건법령이다. 그리고 개별 사업장의 안전보건수준의 진실은 기술전문가에 의한 각 분야별 평가수치나 내용, 즉 작업환경실태, 안전보건상태, 근로조건 등이 될 것이다.

만일 어떤 사업장의 소음 측정 결과가 90데시벨(dB)이었다면, 이 측정 결과는 근로자나 사업주 모두가 동일하게 알아야 한다. 어떤 이유로든 사실이 다르게 전해져서는 안 된다. 모든 구성원에게 사실이 그대로 전해져서, 사업장의 소음을 최소한의 법적 기준인 85데시벨(dB)로 낮추는 데 필요한 보건상의 제반 조치를, 모두가 함께 반드시 개선해야 할 문제로 다루어야 한다.

만일 근로자에게는 85데시벨(dB), 사업주에게는 90데시벨(dB)이라고 대상에 따라 다르게 알린다면 어떻게 될까? 산업재해는 반드시 일어날 수밖에 없고, 불신으로 인해 노사관계에도 악영향을 미칠 것이다. 따라서 안전에 관한한 발견된 사실은 모두에게 항상 똑같이 제공되어야 하고, 안전보건의 기준인 산업안전보건법령을 숙지하는 노력 역시 모두 구성원들이 함께 해야 할 것이다.

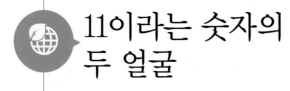

11이라는 숫자의
두 얼굴

수많은 인류의 발명품 중에서도 숫자의 발명은 실로 대단한 것이다. 숫자는 고대 이집트시대에 최초로 등장해서 아라비아 숫자로 개선되었고 오늘날 모든 국가에서 보편적으로 사용되고 있다. 인류의 역사에서 숫자의 중요성은 아무리 강조해도 지나침이 없을 정도이다. 숫자의 의미나 편리성을 굳이 열거하지 않아도 너무도 잘 알고 있으므로 생략하고, 여기서는 몇몇 숫자에 얽힌 남다른 의미를 생각해보자.

불교에서 3이라는 숫자가 좋은 의미를 가진다. 기독교에서 7은 천사의 숫자이고 6은 악마의 숫자라고 한다. 또 동양에서 숫자 4는 죽음을 의미한다. 그래서 건물이나 엘리베이터 등에 숫자 4 대신 F를 사용하거나 아예 생략하기도 한다. 이러한 관행은 나름대로 숫자에 의미를 부여하면서, 그 숫자를 자신들의 안위와 평안에 직결된 것으로 사용하려는 의지의 반영이라 할 수 있다. 굳이 다른 설명을 추가하지 않더라도 우리 내면에는 숫자를 통해 자신의 생명과 건강, 안전을 지키고자 하는, 논리적으로 설명할 수 없는 의지가 깃들어 있다.

이를 미신이라고 무시할 수도 있다. 그러나 다른 측면에서 보면 숫자에 대한 의미부여가 안전을 지키는데 큰 도움이 되기도 한다. 어떤 숫자는 보는 것만으로도 위험에 대한 경각심을 불러일으키기 때문이다. 따라서 이러한 문화적 습성을 잘 이해하고 효과적으로 적용한다면 우리의 안전을 지키는데 보다 도움이 될 것이다.

여러 숫자들 중에서도 11이라는 숫자에 대해 가벼운 마음으로 이야기해보자. 사회심리학적 병리현상이니, 논거가 무엇이냐는 등의 심각한 생각은 잠시 내려놓기를 바란다. 이 이야기는 그저 11이라는 숫자가 가진 의미를 우리 일상생활이나 사업장에서 일반시민이나 근로자의 안전을 지키는 방법 중 하나로 연결되도록 다 같이 생각해보자는 것이니 말이다.

2001년 9월 11일 미국에서 일어난 테러 참사 사건 이후 숫자 11에 대한 이야기가 인터넷과 방송을 통해서

급속히 퍼져나갔다(2001년 10월 22일 KBS 2TV뉴스 투데이 방영). 내용인즉 우뚝 솟은 세계무역센터 쌍둥이 빌딩의 모습이 11자 형태이고, 테러 발생일이 11일이라는 것이다. 또한 9월 11일은 1년 중 254번째의 날로 2, 5, 4 각각의 숫자를 더하면 11이 되고, 일 년 중 남아있는 일이 111일로 11과 연관되어 있다고 했다. 게다가 첫 번째로 충돌한 아메리칸 항공의 비행기 편명이 AA11이며, 이 여객기의 탑승객 인원 92명을 9와 2로 분리해 더하면 11이 된다. 두 번째로 충돌한 유나이티드 항공에는 65명이 탑승하고 있었는데 이 역시 6과 5를 합하면 11이 된다. 이 뿐만이 아니다. 세계무역센터가 있는 뉴욕주는 미합중국에서 11번째로 편입된 주이고, NEW YORK CITY와 AFGHANISTAN의 알파벳 철자 수도 각각 11개로 동일하다. 이렇게 하나씩 열거하다보면 우연의 일치라고 치부하기에는 뭔가 오싹한 느낌마저 든다. 어찌됐든 많은 생명을 앗아간 2001년도 테러사건으로 인해, 적어도 미국사회에서만큼은 11이라는 숫자가 두 번 다시 떠올리기 싫은 악몽을 연상시키게 된 것 같다.

한편으로 우리는 숫자 11에 대해 다르게 생각해 볼 수 있을 것이다. 11은 동양사회, 적어도 우리나라에서는 아주 좋은 의미로 사용되고 있다.

우선 11을 보고 있으면 나란히 있는 상태를 떠올리게 된다. 결혼식에서도 남녀가 나란히 서서 행진함으로써 아름다운 가정을 꾸미게 되었음을 알린다. 철로도 11자처럼 평행선이 되어야 한다. 만일 그렇지 못하다면 열차가 이탈되어 큰 사고로 이어질 것이다. 또한 가정에서 신발을 11자로 나란히 잘 정리해 놓으면 도둑이 문을 열고 침입했다가도 그냥 돌아간다고 한다. 잘 정돈된 모습이 어딘가 모르게 빈틈없는 방비를 연상시키기 때문이다.

젓가락도 마찬가지다. 11자로 잘 맞추어야 음식물을 잘 집는다. 우리나라가 세계적으로 외과수술 능력을 인정받고, 학생들이 국제수학경시대회나 기능올림픽에서 우수한 성적을 얻는 것도 젓가락을 사용하는 문화의 영향이 크다고 한다.

숫자 11의 긍정적인 측면은 산업현장에서도 찾아볼 수 있다. 노사평등 측면에서 사업주와 근로자가 1:1 대등하게 협력적 관계를 유지한다면 원만한 노사문화를 이끌어 갈 수 있다. 일터의 안전보건도 마찬가지다. 안전은 노사가 나란히 잘 협력해 나갈 때 확보된다. 또한 우리는 남을 칭찬하거나 좋은 의견이라고 찬성을 표시할 때 박수를 보낸다. 이때 박수는 두 손이 11자 형태로 나란히 정리되어 있어야 제대로 소리가 난다.

숫자 11은 적어도 우리나라에서는 안전과 보건을 지켜주는 긍정적 의미로 활용되고 있다. 11이라는 숫자를 통하여 정리정돈을 생활화하고, 협력적이고 대등한 노사관계 속에서 안전을 최우선으로 실천할 수 있기를 염원한다. 그렇게만 된다면 이 11이라는 숫자는 우리의 안전을 지켜주는 대표적인 숫자로 영원히 기억될 것이다.

안전은 배워야 하고 풍부한 경험을 쌓아야 한다

우리는 태어나서부터 죽는 날까지 배운다. 아기 때는 걸음마부터 말하기 등을 부모로부터 배우고, 유치원·초등학교·중학교·고등학교·대학교 등을 거치면서 전문교육프로그램을 통해 배움이 지속된다. 학교를 졸업한 이후에도 배움은 계속된다. 직장이나 사회생활에서는 업무 매뉴얼과 규정을 익히고, 평생교육 프로그램에도 참여한다. 은퇴를 하고 노인이 되어서도 노인대학이나 지방자치단체에서 운영하는 각종 교육프로그램에 참여하는 등

끊임없이 배우고 또 배운다.

그런데 이렇게 오랜 배움의 과정에는 한 가지 부족한 점이 있다. 배우는 시간이 길고 그 내용도 다양한데, 정작 안전에 대해서는 별다른 배움이 없다는 사실이다. 이상하지 않은가? 인생의 수많은 배움을 과목으로 구분한다면 안전은 건강과 생명을 지키기 위해 반드시 배워야할 필수과목일 텐데 말이다. 우리나라는 일터에서 여러 가지 안전교육을 받도록 제도적으로 규범화되어 있다. 하지만 현실을 들여다보면 형식적으로 운영되거나 정부의 감독이나 제재조치를 피하기 위해 가짜 서류를 만들어 교육이행 증거로 삼는 일까지 종종 나타나고 있다. 안전은 생존과 관계되기에 가장 기본적인 배움이 이루어져야 한다. 그러나 현실은 배우는 과정에서나 실행하는 면, 그 어디에서도 눈에 띄는 투자를 찾아볼 수 없다.

사실 많은 사람들은 '안전은 운에 관한 문제'라고 생각한다. 이는 안전과 관련된 가장 위험하고 나쁜 생각에 해당된다. 누군가 물으면 그렇지 않다고 대답하면서도 은연중에 사고나 재해는 개인의 운이 나빠서 일어났다고 말하는 습관이 사회전반에 암세포처럼 퍼져있다. 어쩌면 우리가 시간과 노력을 안전에 투자하지 않는 진짜 이유는 '안전이란 배우고 실천해서 확보할 수 있는 것'이라는 인식이 부족하기 때문일 것이다.

안전은 거저 얻어질 수 있는 것도 아니고 운에 맡길 일은 더더욱 아니다. 세상에는 공짜가 없다. 안전에 관해 배우는 것을 게을리 하고 실행하지 않으면 반드시 대형 사고가 뒤따라 올 것이다. 반대로 평소에 안전에 관해 배우고 익히면서 이를 철저히 지키면, 틀림없이 무재해 산업사회가 될 수 있다.

그러므로 우리는 안전을 배우고 익히는 시간을 확보해야 한다. 대학 진학을 위해 수능시험 공부를 하듯, 풍요로운 생활을 위해 재테크를 배우듯, 시간을 할애하고 전문가의 코치와 사례연구를 분석하며 안전을 배워야 한다.

그렇다면 안전을 어떻게 배울 것인가? 중용에 의하면 사람이 도를 얻으려면 다섯 가지 덕목이 필요하다고 한다. 그것은 널리 배우고(博學), 자세히 묻고(審問), 조심스럽게 생각하고(愼思), 분명하게 판별하고(明辯), 독실하게 행하는 것(篤行)이다. 그리하여 앎을 3단계로 구분하고 있다. 사람이 태어나면서부터 도를 깨우치는 것은 생이지지(生而知之), 배워서 아는 것은 학이지지(學而知之), 배워도 제대로 인식하지 못해 경험을 쌓고 난 후에야 비로소 알게 되는 것을 곤이지지(困而知之)라 해서 이를 삼지(三知)라고 일컫는다.

개인적 소견을 피력하자면, 석가 · 예수 · 공자와 같은 성인(聖人)은 나면서부터 알고[生而知之], 스티브 잡스처럼 세상을 리딩하고 큰일을 도모하는 석학과 같은 대현(大賢)은 배워서 알고[學而知之], 보통 사람은 수많은 시행착오나 경험을 통해서 안다[困而知之]고 할수 있다. 이때 중요한 것은 성현처럼 날 때부터 알게 되거나, 대현처럼 배워서 깨우치거나, 또는 보통 사람처럼 산전수전 다 겪은 후에 알게 되는 배움의 과정이 아니다. 어떤 배움의 길이든 종착지가 깨우침이 된다면 그 앎에 대한 가치는 모두 같다는 점이다. 성현도 대현도 아닌 보통 사람인 우리로서는 많은 경험을 통해 깨우치는 길이 배움의 가장 좋은 방법이라 할 것이다.

그렇다면 안전을 배우기 위해 수많은 사고를 경험해야 하는가? 경험에는 직접경험과 간접경험이 있다. 안전은 간접경험을 통해서 터득해야 한다. 지금까지 발생된 넘어짐·추락·감김·끼임·감전·화재·폭발·충돌·질식 등의 안전사고에서 많은 것을 배울 수 있다. 전거복철(前車覆轍)이라는 말이 있다. 풀이하면 앞서 뒤집힌 수레의 바퀴자국을 따라 그 길로 들어서면 반드시 수레가 뒤집어진다는 뜻이다. 다시 말해 앞사람의 실패 혹은 실패의 전례를 교훈삼아 주의해야 한다는 의미인 것이다. 안전과 관련된 사고 사례는 얼마든지 쉽게 찾을 수 있다. 안전보건공단(http://www.kosha.or.kr)에도 많은 데이터가 있으며, 언제 어느 곳에서나 접할 수 있다. 멀리 갈 것도 없이 이곳에서 안전에 관한 배움을 시작하자. 많은 사고사례를 보고 더 이상 같은 사고가 발생되지 않도록 해야 한다. 아는 만큼 보인다고 했다. 많은 사례를 분석하고 연구하여 방지대책을 만드는 것! 이것이야말로 안전을 배우는 가장 빠르고 좋은 방법이다.

인생은 매뉴얼을 향해
안전은 매뉴얼 그대로

나는 종교가 없다. 그러나 기독교든, 불교든, 천주교든, 유교든 상관없이 믿음을 가지고 생활하는 것이 그렇지 않은 경우보다 삶의 질을 높이는 데 도움이 된다고 생각한다.

종교를 가지지 않은 내가 종교 이야기를 하는 것이 모순이라고 생각할 수 있다. 그러나 나는 종교의 심오한 세계에 대해 말하려는 것이 아니다. 단지 안전과 관련하여 이야기를 풀어보고자 하는 것이니 양해해주기 바란다.

현대인은 매뉴얼의 홍수 속에서 살고 있다고 해도 과언이 아니다. 전자제품을 구매하면 제품설명서가 따라온다. 의약품을 구입해도 사용설명서가 있고, 운동기구나 어린이 용품 등 거의 모든 상품에는 설명서가 함께 포장되어 있다. 이러한 설명서, 즉 매뉴얼은 우리의 생활 속에서 하나의 원칙으로 자리매김하여 이제는 매뉴얼 없이는 살 수 없을 정도가 되었다.

국어사전에 의하면 매뉴얼이란 '내용이나 이유, 사용법 따위를 설명한 글'이다. 일종의 지침서인 셈이다. 그렇다면 우리의 사용하는 수많은 매뉴얼(지침서) 중에서 가장 완벽하고 틀림없는 것은 무엇일까? 아마 종교인이라면 주저 없이 자신이 믿는 종교의 경전을 꼽을 것이다. 기독교나 천주교 신자라면 성경, 불교를 믿는 이들이라면 불경, 유교를 믿는 사람은 공자님 말씀이 인생의 매뉴얼이다.

그런데 현실을 들여다보자. 종교를 가진 사람들 모두가 과연 자신들이 삶의 매뉴얼로 삼은 경전의 내용을 완벽하게 따르면서 실천하고 있을까? 아마도 그런 사람은 거의 없을 것이다. 예수나 석가, 공자가 아닌 보통 사람이 그분들이 만들어놓은 매뉴얼대로 살아가기란 무척이나 힘들고 어려운 일이다. 그래서 사람들은 늘 회개하고 내적으로 신심을 북돋아가면서 다양한 종교 활동에 매진하고 있지 않은가! 인간은 본래부터 삶의 매뉴얼을 완벽히 실천하기 어려운 내재적 한계가 있는 듯하다. 그래서 차선책으로 그 매뉴얼에 근접한 삶을 살아가기 위해 부단히 노력하고 애쓰는 것은 아닐까?

다시 안전으로 돌아와 생각해보자. 적어도 안전에 관해서는 그 누구라 할지라도 매뉴얼대로 한 치의 오차 없이 실천해야 한다. 전기 안전 사용 매뉴얼, 기계안전 매뉴얼, 건설안전 매뉴얼, 가스안전 매뉴얼, 교통안전 매뉴얼, 화재안전 매뉴얼, 승강기 안전 매뉴얼 등 그 어떤 것도 매뉴얼대로 이행하지 않으면 사고가 발생한다.

안전은 종교 경전과 같은 삶의 매뉴얼처럼 멀리서 기준으로 삼으면서 그에 이르고자 애쓰는 정도여서는 부족하다. 삶의 매뉴얼은 지키지 못했을 때 뉘우치고 새롭게 실천하고 노력해도 된다. 그러나 안전 매뉴얼은 한번 어기면 반성하고 다시 시작할 수 없다. 안전사고로 사망하게 되면 후회할 기회조차 없게 되는 것이다. 따라서 안전은 반드시 매뉴얼대로 실행해야 의미가 있다. 삶은 매뉴얼에 다가가기 위해 부단히 노력하자. 안전은 매뉴얼 그대로 당장 지켜나가자.

주자의 십회(十悔)에서
안전을 건져보자

주자십회는 송(宋)나라의 거유(巨儒) 주자(주희:朱熹)가 후대 사람들을 경계하기 위해 사람이 일생을 살아가면서 하기 쉬운 후회 가운데 가장 중요한 열 가지를 뽑아 제시한 것이다. 흔히 주자의 열 가지 가르침이라고 하는데, 이 주자십회 중에서 안전보건의식 함양에 도움이 될 만한 네 가지를 응용해 보도록 하겠다.

불효부모사후회(不孝父母死後悔)

부모에게 효도하지 않으면 돌아가신 뒤에 뉘우친다. 돌아가시고 나면 후회해도 이미 늦으니, 살아 계실 때 효도해야 한다는 말이다. 자식이 부모를 봉양하고자 하나 부모가 기다려 주지 않는다는 뜻의 고사성어, 풍수지탄(風樹之歎)과 일맥상통한다. 안전과 결부시켜 보면, 불안아육신사후불회(不安我肉身死後不悔)로 하고 싶다. 내 몸을 안전하게 돌보지 않으면 사고로 사망한 후에 후회조차도 못한다는 의미다. 부모에게 불효하면 돌아가신 후에 후회라도 할 수 있지만 안전은 다르다. 내 몸을 위해 철저한 안전을 확보하지 못하면 죽은 후에는 뉘우치지도 못한다. 이는 불효하는 것보다 더 심각한 문제라 할 것이다.

내 몸이 안전하고 건강한 상태에 있을 때 불안전한 행동을 하지 않아야 한다. 개인 건강관리를 위한 활동 역시 게을리 해서는 안 된다. 효경(孝經)에 실린 공자의 가르침 중에 신체발부수지부모(身體髮膚受之父母)가 있다. '신체와 터럭과 살갗은 부모에게서 받은 것'이므로, 부모에게서 물려받은 몸을 소중히 여기는 것이 효도의 시작이라는 의미이다. 내 몸의 안전은 자신은 물론 부모를 위한 가장 중요한 효의 덕목이다.

불친가족소후회(不親家族疎後悔)

가족에게 친하게 대하지 않으면 멀어진 뒤에 뉘우친다. 가까이 있을 때 가족에게 잘해야지, 멀어진 뒤에는 소용이 없다는 뜻이다. 안전과 관련하여 바꿔보면, 불친노사소후회(不親勞使疎後悔) 라고 할 수 있겠다. 일터에서 근로자와 사업주가 마음을 터놓고 친하게 대하지 않으면 서로 간에 점점 갈등의 골이 깊어지고 노사관계가 악화된다. 노사관계가 좋은 곳은 안전사고도 덜 발생한다. 반대로 노사관계가 좋지 않은 일터는 훨씬 많은 사고가 발생하고 있다. 이를 입증해주는 통계사례는 수없이 많다. 그 중에서도 매년 고용노동부에서 발표하는 산업재해 다발 사업장 리스트를 보면 분명하게 알 수 있을 것이다.

근로자와 사업주는 모두 지속가능한 일터를 꿈꾼다. 그리고 그것은 노사관계가 가족경영 이상으로 친밀하고 서로 간에 굳건한 신뢰를 바탕으로 단 한 건의 사고도 발생하지 않는 무재해 일터를 만드는 것이 지름길이 될 것이다. 임금이나 근로시간은 노사가 서로 다른 입장과 의견을 가지고 있을 때 타협할 수 있는 문제이다. 하지만 안전보건 문제는 어떠한 경우에도 타협해서는 안된다. 일터의 안전보건은 노사가 협력해서 함께 풀어가야 더 효과적인 상생의 문제이다. 따라서 노사관계의 발전은 안전과 직결된다고 할 수 있다.

소불근학노후회(少不勤學老後悔)

젊어서 부지런히 배우지 않으면 늙어서 뉘우친다. 젊음은 오래 가지 않고 배우기는 어려우니, 젊을 때 부지런히 배워야 한다는 소년이로학난성(少年易老學難成)과 같은 말이다. 이 자체로도 안전교육의 중요성을 설명할 수 있을 것이다. 그러나 보다 현실감 있는 표현으로 각색해 보면, 신규불근학경력후회(新規不勤學經歷後悔) 라고 하고 싶다.

우리나라에서 발생하는 산업재해를 입사근속기간별로 분석한 자료에 따르면, 약 54%가 입사근속 6개월 미만에 발생하는 것으로 집계되었다. 이 사실은 무엇을 말하는가? 입사 초기에 안전보건교육을 철저히 숙지하고 몸에 익히도록 훈련시켜야 한다는 것을 의미한다. 만일 신입직원일 때 안전보건교육을 익히지 못하고 그대로 산업재해를 당하게 된다면, 본인뿐만 아니라 기업에게도 지대한 손실이 될 것이다. 따라서 안전보건교육은 입사 초기에 반드시 확실하게 익혀야 한다. 인생 전체로 봐도 동일하게 적용될 수 있다. 무엇보다도 어렸을 때 안전에 대한 개념과 훈련을 잘 받는 것이 중요하다. 이는 개인뿐만 아니라 국가 전체적으로도 큰 이익이 된다. 그래서 선진국의 경우, 어렸을 때부터 정규교육과정에 안전보건교육 프로그램을 포함시켜 의무적으로 배우도록 하고 있다.

불치원장도후회(不治垣墙盗後悔)

담장을 제대로 고치지 않으면 도둑맞은 뒤에 뉘우친다. 도둑을 맞고 난 뒤에는 고쳐도 소용없다는 뜻의 '도둑맞고 사립 고친다'와 같은 말이다. 이 내용을 가지고 안전과 관련된 말로 고친다면 불치제물사고후회(不治諸物事故後悔)가 어떨까? 일터나 생활 주변에서 사용되는 기계·기구·설비, 유해물질, 각종 제품 등을 사전에 완벽하게 고치거나 정비·점검해 놓지 않으면 사고가 난 뒤에 반드시 후회한다는 의미로 만들어 보았다.

안전사고는 사람의 불안전한 행동과 제반 기물의 불안전한 상태만 제거한다면 절대로 발생하지 않는다고 한다. 이 중 사람이 실수로 불안전한 행동을 하더라도, 기계나 기구의 불안전한 상태가 완벽히 제거되어 있다면 사고로 이어지지 않을 수 있다. 예를 들어 플라스틱 제품을 생산하는 기계인 프레스에 완벽한 방호장치(광전자식 등)가 설치되어 작동되고(안전한 상태) 있으면, 작업자가 실수로 손을 프레스에 집어넣었다(불안전한 행동) 해도 그 즉시 프레스 작동이 멈추어 사고가 일어나지 않는다. 인간은 본래가 완벽하지 않은 존재이므로 아

양수조작식
누름 버튼

무리 주의를 기울이고 훈련을 해도 실수를 할 수 있다. 따라서 일터의 장비와 환경 등 제반여건의 불안전한 상태를 없애는 것은 너무나 중요하다.

늘 깨어있는 삶을 영위하라

　우리가 살아가는 동안 가장 경계해야 할 질병은 암일 것이다. 인류는 오랜 시간동안 암 치료를 위해 노력해왔다. 수많은 연구와 좋은 의료기기, 그리고 효과 좋은 명약을 만들어 왔지만 여전히 암은 사라지지 않고 우리의 삶의 질을 떨어뜨리고 생명을 단축시키고 있다. 하루 빨리 인간의 질병에서 암이 사라지길 바란다.

　지금까지 알려진 바에 의하면 암은 인체의 거의 모든 부분에서 발병되고 있다 해도 과언이 아니다. 암의 종류만 해도 폐암 · 간암 · 갑상선암 · 위암 · 대장암 · 유방암 · 전립선암 · 췌장암 · 식도암 · 피부암 · 설암 등 무수히 많다. 이처럼 다양한 암이 있는데, 필자는 아직까지 심장암이 있다는 말은 들어보지 못한 것 같다.

　즉, 우리의 심장은 암에 걸리지 않는 장기인 것 같다. 그 이유는 무엇일까? 필자가 의사는 아니지만 상상력으로 추론해 보았다.

심장이 암에 걸리지 않는 이유는 매일 단1초도 멈추지 않고 24시간 열정을 가지고 뛰고 있기 때문일지도 모른다. 모든 장기는 수면 시간이면 쉬거나 최소한의 활동을 하게 되는데 심장만은 그렇지 않고 항상 같은 조건으로 살아 움직인다. 아마 이 때문에 암이 침투하지 못하는 것은 아닐까?

허무맹랑한 것 같지만 또 하나 추론해 보자. 치매에 걸리지 않는 방법이다. 나이가 들수록 치매에 대한 생각이 잦아지고 있다. 그래서 어떻게 하면 치매에 걸리지 않을 수 있을까 라는 고민 끝에 얻은 잠정적 추론이다. 나는 늘 생각이 깨어 있으면 치매는 걸리지 않을 거라고 확신한다. 즉, 머리를 써야 한다는 이야기다. 우리는 어떠한 일을 하든 항상 창의적인 상상력을 발휘해야 한다.

노인정에 회자되는 이야기 중에 '10원짜리 화투라도 치면 치매는 걸리지 않는다' 라는 말이 있다. 이는 머리를 쉼 없이 쓰면 뇌가 손상되지 않고 건강한 상태로 유지된다는 의미이다.

이런 생각과 같은 선상에서 안전을 생각해보자. 안전도 마찬가지다. 우리는 늘 안전을 위해 깨어 있는 삶을 영위하여야 한다.

오늘날 멀티위험사회는 안전을 확보하고 건강을 증진시키기 위한 다양한 대응책을 마련하고 이를 현장에서 재대로 작동하기 위해서는 항상 창의적인 상상력을 발휘해야 한다. 그래서 늘 거듭나는 심정으로 잘못된 관행과 제도를 과감히 버리고, 한발 앞서서 다가올 위험을 먼저 제거하면서 누구나 쉽게 실행에 옮길 수 있는 새로운 매뉴얼을 만들어야 한다. 또한 언제 어디서나 매뉴얼의 작동성이 보장되도록 끊임없이 반복 훈련해야 한다.

오늘날과 같이 다양한 위험에 노출된 사회에서 사고를 방지하는 역발상의 대응책을 찾으려면 철학자 데카르트르카 명명한 회의론에서 시작할 필요가 있다.

데카르트는 방법적 회의를 주창하면서 '진리를 확실하게 인식하기 위하여 인간에게 허용된 길은 명증적 직관과 필연적 연역 이외에는 없다'고 하며, 모든 명제를 자명한 공리로부터 연역해 내는 기하학적인 방법을 철학에 도입하였다. 이 방법을 통해 데카르트는 중세 철학에서 탈피하였고, 근세 철학의 창시자가 되었던 것이다.

그에 따르면 다른 명제로부터 논증되지 않고 스스로 명백한 명제, 즉 모든 철학의 원초적인 명제인 동시에 토대가 되는 것을 '제1원리(Le premier principe)'라 하였다. 그는 이 제1원리를 찾기 위해서 '방법적 회의'를 제시한다. 즉, 방법적 회의란 우리가 가지고 있는 지식을 모조리 의심하면서 더 이상 의심할래야 의심할 수 없는 명백한 진리에 도달하자는 것이다.

그리하여 데카르트는 '나는 생각한다. 그러므로 나는 존재한다(Je pense, donc je suis : cogito ergo sum)'라는 명제를 제1원리로 내놓았다. (이상은 네이버 지식백과에서 발췌 요약함)

데카르트의 회의론에서처럼 사고를 예방하는 방법과 수단이 지금까지 알려진 것이 전부냐고 반문하면서 끊임없이 새로운 방법과 대응수단은 없는 지 의문해 보아야한다. 그리고 어떤 예방책이 추구하는 진정한 목적은 무엇인지 스스로 반문해 보면서, 그 목적에 부합되도록 훈련을 해야 한다. 그냥 지금까지 그래왔으니까 한다는 식으로 치부하거나 맹신하면 안 된다는 것이다.

한 가지 예를 들어보자. 건물 등에는 항상 소화기를 비치해 놓고 있다. 그렇다면 '소화기 비치의 진정한 목적이 무엇인가?' 라고 한번쯤은 회의를 해보아야 한다. 소화기 비치의 진정한 목적은 화재 발생 시에 불을 끄기 위한 것인데, 현실은 그렇지 않은 것 같다. 관계법령에 따라 일정한 장소에 반드시 비치하도록 하였기에, 그 법령을 지키기 위한 수단으로만 비치 해놓은 것이 아닌지 의심해 보아야 할 것이다.

요즈음 안전사고가 끊이지 않고 빈번히 발생하는 것을 보면서, 필자는 소화기 비치가 관계법령상의 비치의무만을 준수함이지 진정한 목적인 화재 발생 시 불을 끄기 위함은 아닌 것이라고 추론할 수밖에 없다. 소화기 비치의 진정한 목적에 부합하려면 평상시에 소화기 사용법을 숙지하는 것은 물론, 수시로 훈련하면서 적어도 소화기구입 · 비치 후 2~3년 안에는 소화기를 작동시켜 봐야 한다. 이럴 경우 소화기 재구입에 따른 비용이 발생하겠지만 안전 확보라는 더 큰 이익을 추구한다면 반드시 그렇게 해야 한다.

세상에 공짜가 어디 있는가? 이 세상에는 절대 공짜가 없다. 오늘날과 같은 복잡한 위험사회에서 안전하고 건강한 삶을 영위하기 위해서는, 어떠한 일을 하든 어떠한 장소에 있든 늘 깨어있는 생각으로 잠재적 위험요소를 제거하고 유해·위험이 발생하지 않도록 창조적으로 관리해야 한다.

그리고 끝으로 당부한다. 당신의 삶을 모자이크하라. 하루하루의 삶은 그 자체로 조각난 것처럼 쓸모없어 보이지만, 내 인생의 액자에 모아 보면 아름답고 즐거운 추억이 가득한 그림이 될 수 있다. 이를 늘 순간순간 말초신경이 깨어있는 삶을 영위하길 당부한다. 삶이 즐겁고 아름답기 위해서는 바로 지금 이 순간이 위험이나 유해함에 노출되지 않는 평안하고 안전한 순간이어야 한다. 이러한 안전을 위한 노력은 혼자의 힘으로는 부족하다. 우리 각자는 다함께 더불어 살아가는 공동체의 구성원이다. 모두가 힘을 모아 가장 안전하고 포근한 삶의 터전을 가꾸어 웃음꽃 활짝 피는 꽃동산에서 살아가자.

이젠
건강경영을
하여라

건강이라는 용어가 우리 생활에서 자주 쓰이고 있다. 회식하는 자리에서도 "우리 모두의 건강을 위하여!" 라는 건배사가 많이 애용되고 있는 듯하다. 불과 몇 년 전만해도 100세 이상 고령자를 볼 수 있는 기회가 드물었다. 그러나 요즘은 주변에서나 방송매체에서 수시로 볼 수 있는 만큼 오래 살게 되었다.

통계적 수치로 봐도 100세 이상 고령자는 2014년 기준으로 1만 4천명이 훨씬 넘는다고 한다. 건강이 우리에게 가장 중요한 것임에 틀림없을 테니, 그만큼 건강증진을 위한 노력들이 다각적으로 이루어지고 있다는 반증일 것이다. 오래 산다는 것은 분명 축복받을 일이다. 그러나 단지 오래 산다는 것이 중요한 것이 아니고 건강하게 오래 사는 것이 핵심이 되어야 한다. 그렇기 때문에 수명은 흔히 두

가지 분류로 구분된 정보가 제공되고 있다. 즉, 기대수명과 건강수명이 그것이다.

네이버 지식백과에 따르면 기대수명이라 함은 출생자가 출생 직후부터 생존할 것으로 기대되는 평균 생존 연수를 말한다. 평균 생존 연수이므로 생명을 다해 살다가 죽는 경우만을 뜻한다. 한편 건강수명이라 함은 세계보건기구(WHO)가 발표해오던 '평균수명'에 '수명의 질'이라고 할 수 있는 건강상태를 반영한 것으로, 평균수명에서 병이나 부상 등의 '평균장애기간'을 차감한 기간을 의미한다. 최근 통계에 의하면 우리나라 사람의 기대수명은 약 81세 전후이고 건강수명은 약 71세 전후라 한다. 이 수치는 통계를 내는 기관마다, 또 시점에 따라 다를 수 있다는 점에서 양해를 구한다.

필자가 이야기하고 하는 요지는 기대수명과 건강수명의 갭이 10년이란 것에 주목하자는 것이다. 이 수치가 뜻하는 것은 좋든 싫든 간에 우리는 살아가면서 평균 10년간 병원 문을 들락거리거나 고통을 참아야 한다는 것이다. 그렇다면 지금부터 우리가 해야 할 일은, 바로 건강수명을 기대수명까지 상향시켜 이 둘을 일치시켜나가는 노력이다. 한마디로 건강경영을 해야 한다는 것이다.

자! 질문해보자. 과연 건강경영이란 어떻게 해야 하는가?

첫째, 일터에서 근무하는 동안에는 회사가 제공하는 건강증진 프로그램에 빠짐없이 참여하라. 국내에서는 아주 좋은 회사를 다닐 경우에 60세까지 일하는 경우도 있는데, 대부분은 그 이전에 일터를 떠나게 된다. 이런 현실을 볼 때 안전사고는 일터에서 일하는 과정에서 어느 정도 해결되고 그 비용 또한 경영주가 지불해서 해소된다. 하지만 은퇴 이후는 상황이 달라진다. 개개인의 건강수명을 기대수명까지 상향 일치시키기도 어렵고 그 비용 또한 개인이 지불해야 한다. 그래서 일하는 동안에는 일터에서 제공하는 금연·뇌혈관질환 예방·근력강화·식생활 개선·스트레스 관리·근골격계 질환예방 등 다양한 건강증진 프로그램에 빠짐없이 참여하여 은퇴 이후에 건강수명을 연장할 수 있게끔 꾸준히 준비해 두어야 한다.

둘째, 건강을 위한 운동은 일상생활 속에서 하라. 우리는 흔히 새해가 되거나 건강검진결과표를 받아본 다음에야 비로소 마음을 먹고 헬스장이나 스포츠센터의 몇 개월 정기이용권을 구매한다. 그러나 이마저도 며칠 이용하지도 못하고 돈만 낭비한 경험이 대다수일 것이다. 물론 몸짱이 되기 위해서, 또는 직업상 절실하게 건강이 필요한 사람들의 경우에는 끝까지 빠짐없이 이용하기도 한다.

사실 건강수명을 연장하기 위한 건강증진활동이라면 헬스장이나 스포츠센터까지 가서 할 필요는 없다. 누구나 알고 있듯이 일상생활 속에서 하는 것으로도 충분하다. 예를 들어보자. 대중교통을 이용할 때 한 정류장 앞에서 내려 걸어간다. 운전을 할 경우는 신호대기 중일 때 앉은 채로 목이나 상체를 움직이는 스트레칭을 한다. 일할 때도 틈틈이 등을 뒤로 하고 작업대나 책상을 두 손으로 지탱하며 수직으로 앉았다 일어서기를 반복한다. 점심 식후에는 주변을 걷거나 탁구 등 실내에서 운동을 한다. 아파트나 사무실 상층을 올라갈 때도 반드시 계단을 이용해 걷는다. 이런 예시는 수없이 많고 각자의 환경에 따라 다르게 적용할 수 있다. 최대한 자신의 하루 일정과정을 시간순서별로 작업 공정처럼 분류하고, 그 공정에 적합한 몸 움직임을 설정해서 직접 실행해 보기를 바란다.

셋째, 스트레스를 관리하라. 언제부터인지는 알 수 없으나 아파서 병원에 가면, 스트레스성 위장염, 스트레스성 근육통, 스트레스성 두통 등과 같이 질병 명칭 앞에 스트레스라는 단어를 붙인 진단을 흔히 듣게 되었다. 스트레스는 현대사회에서 만병의 근원이라고 해도 과언이 아닐 정도이다. 우스개 소리를 하나 해보자. 회사에서 흰머리도 없고 머리숱도 많으며 나이도 제일 많은 전무가 통크게 오늘 '함 쏜다' 라고 외쳤다. 그날 저녁 전무는 흰머리 팀장, 소갈머리 없는 차장, 얼굴에 잔주름 많은 노친내 만년과장 등과 함께 맛집 식당에 갔다. 스태미너 식품인 장어탕을 서빙하던 아주머니가 과장, 팀장, 차장 순으로 주더니 직급도 제일 높고 나이도 가장 많은 전무에게는 마지막으로 가져다주는 것이 아닌가. 그 몇 분 사이 전무의 표정은 굳어졌고 회식자리는 분위기가 싸늘해졌다. 그 전무는 푸대접한다고 스트레스를 받았던 것이다. 사실 이런 상황은 스트레스 대신 행복바이러스 또는 면역을 증진하는 NK세포가 나오는 웃음꽃이 활짝 피어야 마땅하다. 아주머니는 식당에 온 손님의 직급을 알 수도 없고 오직 외견상 보이는 모습에서 연장자를 찾는 것이므로, 제일 마지막에 음식이 나왔다는 것은 그 만큼 건강경영을 잘 했다는 반증이기 때문이다. 참 사소하고 대수롭지 않은 일인 듯싶지만 우리의 일상생활은 이러한 사소한 스트레스에 시달리고 있다.

스트레스 관리 방법으로 이렇게 해 보면 어떨까? 아프면 아프다고 하자. 잘못 되었으면 '잘못 되었다' 라고 말하자. 기쁠 때 기쁘다 하고, 고백하고 싶으면 진솔하게 다 고백하라. 아무 일 없는 것처럼 참지마라. 다 표현하라. 오줌이 마려운 데 참아본 적이 있을 것이다. 얼마나 짜증나고 힘들던가! 스트레스는 오줌이다. 참지 말고 싸라! 얼마나 시원하고 편안한가!

넷째, 지역사회의 공공서비스를 잘 활용하라. 현재 우리나라에는 우리가 모르는 사이에 국민들의 삶의 질 향상을 위한 다양한 무료 공공 서비스가 아주 많이 운영되고 있다. 과거와는 확연이 다르게 첨단적이면서 건강증진을 위한 양질의 프로그램이 제공되고 있는 것이다. 지역민의 간호 역할을 담당하는 보건소, 근로자의 건강 주치의 역할을 하는 근로자 건강센터는 물론, 노래교실·생활체육 등을 서비스하는 주민센터 등 다양한 건강의료서비스 프로그램이 주변에 널려있다. 속된 말로 우리는 발품만 팔면 된다.

다섯째, 0차 의료기관을 잘 활용하라. 의료기관을 구분하면, 통원에 의해 치료가 가능한 동네의원 등이 1차 의료기관, 입원에 의해 치료가 가능한 300~500병상 규모의 병원을 2차 의료기관, 500병상이 넘는 대학교 부속병원이나 종합병원을 3차 의료기관이라고 한다. 그런데 곰곰이 생각해보면 또 하나의 의료기관이 있다. 바로 0차 의료기관이다. 물론 이 0차 의료기관은 어떠한 법령에도 명기되어 있지 않다. 왜냐하면 0차 의료기관은 다름 아닌 자기 자신의 육신이기 때문이다. 1차 · 2차 · 3차 의료기관은 질병자를 치료하는 것이 주요 기능이다. 하지만 0차 의료기관의 목적은 다르다. 치료가 아니라 몸의 면역력을 높이고 자신의 몸을 흠결 없이 잘 관리하는 건강증진활동이 목적이다. 다시 말해서 나 자신을 스스로 건강경영 하는 것이다. 0차 의료기관은 주치의도 자신이고, 간호사도 본인이다. 또한 0차 의료기관은 외부평가도 안해 주니까 본인이 스스로 잘 관리를 해나가야 한다. 자! 이제 우리 모두 0차 의료기관의 주치의가 되었으니 스스로 건강경영에 매진해 보자. 0차 의료기관을 잘 이용하면 건강수명을 연장해주고 70세 이후에 1차 · 2차 · 3차 의료기관에 가지 않아도 되는 확실한 이윤보장이 된다. 시간을 투자해서 자신의 몸을 자신이 건강하게 경영해 나가자.

안전실천의 첫걸음은 정리정돈이다

안전을 확보하는 데는 다양한 수단이 있다. 위험한 기계·기구·설비에 안전장치를 부착하거나 보호구를 착용하고, 또 유해물질 사용법에 대해 숙지하거나 안전보건교육을 받는 것도 모두 안전 확보 수단에 해당한다. 그런데 이 많은 수단들에서 공통적으로 적용되는 부분이 있다. 바로 정리정돈이다. 정리정돈은 안전실천의 첫걸음이자 최소비용으로 최대의 효과(안전)을 담보하는 가장 기본적인 장치인 것이다.

먼저 정리정돈의 뜻부터 명확하게 이해해야 한다. 안전보건공단 "작업장에서의 정리정돈"이라는 자료에 의하면 정리라 함은 불요불급의 물품과 긴급을 요하는 물품을 구분하여 필요한 것은 정비해두고 불필요한 것은 작업장에서 다른곳으로 옮겨두는 것을 말하고, 정돈은 필요한 물품을 필요한 장소에 어떻게 배치해놓느냐를 말하는 것이다. 정리정돈이 구비해야할 조건으로서 정리는 불필요한 품목이 제거되어 있을 것이며, 정돈은 두어야 할 장소가 결정되어 있으며 직장 내에 산재되어있지 않아 작업을 방해하는 일이 없을 것이라고 설명하고 있다.

다시 설명해보면, 정리(整理)는 불필요한 것을 완전히 제거해서 내버리는 것이고, 정돈(整頓)은 필요한 것이지만 어떤 행위를 할 때 움직이는 횟수를 줄일 수 있도록 재배치해 놓는 것을 의미한다. 예를 들어 가로수를 아름답게 또는 건강하게 관리하기 위해 정지작업을 한다. 이때 베어낸 불필요한 나뭇가지를 길거리에 두지 않고 다른 곳으로 완전히 이동시키는 것이 정리이다. 그리고 도마 옆에 국자가 있고 그 옆에 칼과 국통이 있는 경우, 칼과 국자의 순서를 바꾸어 작업자의 불필요한 행위를 줄이는 것은 정돈이다. 일의 효율성을 높이고 사고 위험노출을 줄여서 사고를 예방하는 것이다.

자! 이제 우리들이 일상생활에서나 일터에서 얼마나 정리정돈의 참 의미를 이해하고 실천하고 있는지 곱씹어 보자. 좁은 집에서 잘 타지 않거나 고장이 난 자전거를 계단이나 복도통로에 임시로 두는 경우가 많다. 이런 경우 화재가 나거나, 어린이들이 다니다가 발이 걸려 넘어지는 등 큰 사고로 이어질 수 있다. 정리의 원 개념에 충실하게 완전히 제거해서 버리지 않았기 때문이다.

이런 사례는 일터에서 더 흔히 찾아볼 수 있다. 창고가 부족해서

못 쓰는 집기류나 재료 등을 비상구 계단에 싸놓기도 한다. 그러다 화재가 발생한다면 비상구가 제 역할을 수행할 수 없다. 이러한 유사한 경우로 엄청난 인명피해가 난 사례를 우리가 여러 번 목격해 왔다. 일터에서 정돈은 안전사고를 예방하는데 아주 중요한 역할을 한다. 정비·보수작업 시에 공구를 원래의 자리에 정돈하는 것, 작업 통로를 확보할 수 있도록 통로 주변을 정돈하는 것, 작업대에 작업순서에 맞게 재료·공구·부품 등을 진열해 놓는 것, 작업순서의 매뉴얼을 잘 정돈에 놓는 것 등 해야 할 일이 무수히 많다.

이제 우리는 안전사고를 예방하는 첫 실천이 정리정돈임을 알게 되었다. 알고만 있으면 소용이 없다. 실천해야 한다. 정리정돈 해야 한다. 생활 속에서든 일터에서든 정리정돈을 반드시 실천에 옮기자. 정리정돈의 중요하기는 머릿속도 마찬가지이다. 새벽녘에 일어나서 어제 기분 상했던 것, 되지도 않는 망상 등은 깔끔히 정리해서 완전히 없애버리자. 그리고 그 자리에 새롭고 창의적 사고들이 들어올 수 있도록 비워두자. 정돈되지 않고 흩어진 지식은 가치 있는 지식으로 즉시 사용가능할 수 있도록 머리에 구획을 설정해서 체계화되고 정연하게 정돈해 두어야 한다. 이런 습관이 쌓이면 자신도 모르는 사이에 내가 속한 조직이나 전공분야에서 성공하는 반열에 올라 있을 것이다.

작업 전 안전점검
미켈란젤로는 했을까?

　화가이면서 조각가, 건축가, 시인이었던 미켈란젤로는 89세를 살면서 수많은 작품들을 남겼다. 우리가 잘 알고 있는 시스티나성당의 천장벽화도 그 중에 하나다. 일명 '천지창조'라고 불리는 이 벽화는 교황 율리우스 2세로부터 성당 천장을 장식할 그림을 그리라는 명령을 받고 1508년에 시작해서 1512년 10월에 완성되었다.

　천장 높이가 20미터나 되다보니 세기의 걸작을 그리는 데는 18미터가 넘는 비계(높은 곳에서의 재료운반이나 작업자의 통로 및 작업을 위해 임시로 설치된 발판 및 그 것을 지지하는 구조물)를 설치해야 했다. 추락 위험을 안고 하는 고(高)위험작업이었는데, 예산이 없어 도중에 작업이 중단되기를 반복하는 등 우여곡절 끝에 역작이 탄생할 수 있었다.

　보통 화가들은 작품 속에 낙관이나 자신의 이름을 남긴다. 그래서 오늘날 유명한 그림을 사고 팔 때는 이 낙관의 유무에 따라 가격차이가 발생한다. 그런데 미켈란젤로는 대부분의 작품에 자신의 낙관이나 이름을 표시하지 않는 겸손함을 보였다. 그러나 이 벽화는 달랐다. 4년 동안 성당 안에서 숙식해가며 고생한 역작이고, 자신이 보아도 너무 아름다운 그림이었기에 그는 '천지창조'에는 반드시 자신의 이름을 남겨야 되겠다고 마음먹는다.

1512년 10월 마침내 그림을 완성한 날. 그는 비로소 자신의 작품 속에 '미켈란젤로'라는 이름을 남기고 18미터가 넘는 비계에서 내려온다. 그런 후 서서히 걸어 성당 문을 활짝 열고나왔다. 눈앞에는 청명한 가을 날씨가 그를 반겨주었다. 성당 밖에서 휴식을 취하고 주변을 둘러보니 오색찬란한 단풍잎이 살랑거린다. 눈이 부실만큼의 황금들판과 솜털 같고 뽀얀 빛깔의 뭉게구름, 그 사이사이로 자태를 드리우는 파란하늘 등, 세기의 천재조차 취하게 하는 그 풍경은 그야말로 천지창조였다. 그는 '이 눈앞의 천지창조는 누구의 작품이란 말인가!' 라고 감탄사를 연발했다.

미켈란젤로라는 천재마저도 감탄하게 만든 대자연의 천지창조는 바로 하나님이 만든 것이다. 그런데도 이 작품 속에는 하나님이라는 이름이 씌어져 있지 않았다. 미켈란젤로는 자신이 4년간 고생고생해서 명작이라고 그린 시스티나 성당 천장의 '천지창조'가 하나님의 천지창조에 비하면 감히 비교할 수도 없는 졸작이라는 생각이 들었다. 그는 성당 내부로 들어가 다시 비계위로 올라갔다. 그리고 자신의 이름, 즉 미켈란젤로를 지워버린다.

여기서 안전과 연관지어 그 모습을 상상해 보자. 미켈란젤로는 과연 매일매일 그림 작업을 할 때마다 작업 전 안전점검을 했을까? 필자는 미켈란젤로가 작업 전에는 반드시 안전점검을 했을 것이라고 확신한다. 그 이유는 다음과 같다. 요즘에는 시스템 비계도 있고 비계를 구성하는 재료의 품질이나 강도 등이 우수하지만, 미켈란젤로가 활동하던 1,500년대에는 조잡한 재료와 성능이 별로인 보호구 등 몹시 열악한 작업조건이었을 것이기 때문이다.

미켈란젤로가 천지창조를 그리기 시작한 나이가 33세이고 완성한 나이가 37세이다. 그는 이후 89세까지 장수하며 살았다. 만일 그가 그림 작업을 하는 4년 동안 단 한건의 추락사고가 일어나지 않았거나 혹여 일어났다 하더라도 개인 보호구를 완벽히 구비하였기에 찰과상이나 근골격계 질환등은 있었을지 모르지만 그처럼 오래 살수있었던 것이다. 또한, 그림을 완성한 마지막 날 자신의 이름을 지우러 비계에 올라가는 다급한 상황에서도, 그는 분명히 사전에 안전을 점검하고 올라갔으리라 확신해 본다.

필자는 '작업 전에 안전점검을 실행하면 반드시 당신의 생명을 지킬 수 있다'라고 주장하고 싶다. 작업의 종류에 따라 점검해야 할 사항은 다양하다. 예를 들어 기계 · 기구는 이상이 없는지, 정비 · 보수 작업 시 전원은 차단했는지, 유해물질누출은 없는지, 밀폐공간작업 시 산소농도 측정은 했는지, 작업장 바닥의 물기나 기름을 제거했는지, 또한 안전한 작업 절차서를 구비했거나 준수하는지 등이 점검대상이다.

안전보건공단의 홈페이지에는 작업별·설비별·직종별·계절별로 작업 전 안전점검 핵심사항이 등재되어 있다. 언제 어느 곳에서든 인터넷만 가능하면 방문해 작업 전 안전점검에 활용할 수 있는 좋은 정보가 많이 준비되어 있다. 모쪼록 작업 전 안전점검 습관화로 다시는 귀중한 목숨을 잃어버리는 사고가 없기를 간절히 기대해 본다.

(※ 이 글의 숫자나 이름 등 극히 일부는 사실에 입각한 내용이나, 대부분은 필자 개인의 상상력으로 전개한 내용이며 더불어 특정 종교를 전파하고자 의도한 것이 아님을 밝혀둔다. 다만, 독자에게 '안전한 행동의 습관화가 소중한 생명을 지켜준다' 라는 것을 강조하고자 이야기 형식으로 꾸며 쓴 것이니 다소 껄끄러운 부분이 있더라도 양해해 주시길 바란다. 그리고 이 글은 2015년 6월 17일 경기신문에 특별기고한 내용임을 밝혀둔다.)

안전학습
學뿐 아니라
習을 해야 한다

학습이라는 단어는 우리가 생활 속에서 자주 쓰고 있고 많이 듣게 되는 말이다. 그럼에도 학습이라는 단어의 의미가 무엇인지 진지하게 음미해보는 사람은 드문 듯하다. 필자 역시 별다른 생각이 없이 지내왔는데, 안전과 관련된 강의를 하면서 어떻게 하면 안전의 실천이 중요하다는 것을 인상 깊게 잘 전달할까 궁리하다가, '학습'이라는 말의 의미를 더 깊이 생각해보게 되었다.

학습은 '배울 학(學)'과 '익힐 습(習)'을 합친 것으로 '배우고 익히다'라는 뜻이다. 그런데 사람들은 배우는 것에는 열심이지만, 익히는 것에는 게으른 경향이 있는 것 같다. 반면 동물들은 배우는 것보다는 익히기에 더 열중한다. 왜 그럴까?

사람들이 많이 배우려고 하는 이유는 보다 나은 경제 상태나 사회적 지위, 편안한 삶 등을 위해서라고 할 수 있다. 그래서 어린이집, 유치원, 초·중·고 과정을 거쳐 대학·대학원 과정까지 마치고, 심지어 직장에 다니면서도 경쟁에서 살아남기 위해 죽기 살기로 배운다. 신입교육·품질환경교육·리더십교육·성교육·청렴교육·직급 및 직책별 교육 등 매년 수많은 직무교육을 받고 평생교육이나 최고경영자 과정도 밟는다.

자연 생태계에서 동물들은 먹이를 얻기 위해서, 혹은 더 강한 것들의 먹잇감이 되지 않고 살아남기 위해서, 태어나면서부터 훈련을 한다. 이처럼 동물들이 무언가를 익히고 훈련하는 것은 생존을 위해서다. 자연 속에서는 배우는 것만으로는 살아남을 수 없다. 힘을 기르고 더 빠르게 달리기 위해 엄청난 시간을 들여 반복적으로 행동한다. 그렇다면 사람이 배우기에 열중하고 동물이 익히기에 사활을 거는 이유는 무엇일까? 성공과 생존이라는 생의 목표 차이가 전부일까?

학습의 한자를 살펴보면 우선 '배울 학(學)'은 '아들 자(子)' 부수가 들어간다. 아들은 당연히 자식을 의미하는데, 동물에게는 쓰이지 않는다. 따라서 배운다는 것은 사람에게만 해당되는 행위이다. 그렇기 때문에 사람을 만물의 영장이라고 부르고, 뇌가 가장 발달된 동물이라고 하는 것이다. 인간사회에서 많이 배웠다는 것은 곧 힘과 권위를 가졌음을 의미한다. 전 세계적으로 봐도 교육열이 높으면서 많이 배운 국민들이 많을수록 잘 사는 것을 알 수 있다. 따라서 우리에게 배운다는 것은 어떤 인생을 영위하느냐를 결정짓는 중요한 일임에 틀림없다.

다음으로 '익힐 습(習)'을 보자. '흰 백(白)'과 '깃 우(羽)'가 합해진 글자다. 흰 백은 하얀, 처음, 순수, 갓 태어남을 의미한다. 이는 대부분의 새알이 흰색이기에 그것을 형상화 한 것이다. 흰 백은 어미새로부터 갓 태어난 새끼새를 의미한다. 그렇다면 새끼새는 태어나면서부터 어미새로부터 무엇을 배우는 걸까? 조류학자가 아니기에 확실한 것은 알 수 없으나, 아마도 어미새는 새끼새에게 이렇게 가르쳐 주었을 것이다. "너는 날아야 한다" 그래서 새끼새는 수만 번의 날개짓을 반복하게 되고, 비로소 자신의 힘으로 날아오르게 된다. 그렇게 새끼새는 하늘을 날면서 스스로 생존하며 살아갈 수 있게 되는 것이다.

이러한 생존의 과정은 날개가 달린 새에게만 국한되지 않는다. 사자·호랑이·원숭이 등 모든 동물들은 각자의 생존방식을 익히기 위해, 새끼 때부터 온갖 위험에 노출되면서 연습을 한다. 익히는 것을 천명으로 받아들이고 쉼 없이 피나는 연습을 하는 것이다. 그렇다면 만물의 영장인 사람은 어떠한가?

학습이라는 단어의 본래 의미에 걸맞게 배우고 익혀야만 성과가 있는 사례를 찾아보자. 야구·골프 등의 스포츠 스타나 4년에 한 번 기회가 돌아오는 올림픽 참가 선수들을 보자. 이 선수들이 이론만 배우는 경우는 거의 없다. 처음 운동을 배울 때는 이론이나 더 나은 방법들에 대해 배운다. 그리고 배운 것을 자신의 몸에 익히기까지 수천, 수만 번의 반복과 실패가 뒤따른다.

시청률 높은 드라마의 스타 연예인도 마찬가지다. 대본을 잘 쓰고 배경 좋은 장소에서 멋지게 촬영을 한다고 스타가 탄생되지는 않는다. 사람들에게 감동을 주는 실감나는 연기가 반드시 필요하고, 이를 위해서는 치열한 연습이 있어야 한다. '생활의 달인'이라는 프로그램은 이러한 원리를 가장 극명하게 보여준다. 출연자들은 모두 한결 같은 피나는 연습과정을 거쳐서 달인의 경지에 이르렀다. 그 성실함과 정직한 노동을 보면서 우리는 감동을 느낀다. 좋은 책이나 명언들을 많이 알고 외운다고 해서 훌륭하고 존경받는 인격을 가질 수는 없다. 왜일까? 배움이 부족한 탓일까? 아니다. 아는 것도 중요하지만, 아는 바를 실천할 수 있게 되는 상태야말로 진정한 학습이다.

어떤 가난한 사람이 있다. 그는 복권에 당첨되게 해달라고 밤낮으로 기도를 했다. 과연 1등 당첨의 기적이 일어날까? 아무리 정성껏 기도를 드린다 해도, 그가 복권을 사지 않았다면 결코 이루어질 수 없는 소망이 될 것이다. 어떤 목적을 이루기 위해서는 반드시 아는 것 위에 실천이 보태져야 한다. 안전이라는 목적을 이루기 위해서도 마찬가지다. 규정을 마련해두고 배우는 것만으로는 안전은 확보되지 않는다. 규정에 명시되어 있는 대로, 배운 그대로를 행동으로 옮겨야 결과가 나온다.

매년 9만 여명 넘는 산업재해자를 비롯해서, 우리 사회는 교통사고 · 유해물질사고 · 가스사고 · 전기사고 · 가정 및 학교안전사고 등이 끊임없이 발생하고 있다. 이 되풀이 되는 악순환의 원인은 우리가 안전을 배우지 못해서이거나, 안전지식과 사례가 부족해서가 결코 아니다. 그것은 우리가 안전을 배우기만 할 뿐, 익히는 것을 게을리 하기 때문이다. 안전은 배우고 익혀야 비로소 정착된다. 지금부터라도 학(學)뿐 아니라 습(習)을 해야 한다.

안전을 넘어 행복으로

지혜로운
삶

지혜롭게 사는 것이
살맛 나는 삶이다

　우리는 지식과 정보가 중요한 시대를 살고 있다. 하지만 책에 있는 대로 암기하고 물리학 같은 과학적 검증이나 수리계산을 하면서, 머리 터지도록 골똘하게 파헤쳐서 터득하는 지식만 가지고는 살아갈 수가 없다. 어마어마한 지식을 가지고 살아간다고 해도 그것이 좋은 삶으로 귀결될지는 알 수 없다. 다소 지식이 부족하더라도 어떠한 일이나 인간관계에서 지혜롭게 처신하는 것이 훨씬 좋은 결과로 이어지거나 자신과 타인에게 도움이 되기도 한다. 단언컨대, 지식으로 사는 것보다 지혜롭게 사는 것이 맛깔스런 삶일 것이다.

　흔히 하는 말 중에 '여우하고는 살아도 곰하고는 못 산다'는 말이 있다. 실제 꼭 집어서 곰과 여우를 지칭하는 게 아니라, 곰과 여우라는 동물이 주는 이미지 때문에 나온 말일 것이다. 그렇다면 여기서 곰이라고 하는 동물의 이미지는 무엇인가? 고지식하고 융통성이

없어 소통이 어렵고 재미가 없
는 상태가 아닐까? 반면 여우
는 꾀나 요령을 부릴 만큼 재치
가 있어 상대의 형편이나 심리
를 헤아리면서 자신의 실속도 차
리기 때문에 함께 살 수 있다는 것
이다.

몇 가지 예를 통해 생각해보자.

정보화 시대에는 날마다 새롭게 정보가 쏟아지고 있다. 그 모든 정
보를 다 아는 일이 가능할까? 설령 가능하다 하더라도 그 많은 지식
을 필요한 상황에 맞춰 요긴하게 활용하기란 불가능에 가까울 것이
다. 정보화 시대라고는 하지만 그 막대한 정보를 다 알기 위해 애쓰
는 것은 참으로 미련하고 비효율적인 일이 된다. 우리는 머릿속에
많은 지식을 담아놓을 필요가 없다. 필요할 때 적절한 지식을 찾아
활용하는 것이 진짜 중요한 능력이다.

흩어진 수많은 지식을 마음대로 향유하려면 어떻게 해야 할까? 네
트워크를 구축해야 한다. 네트워크란 여러 줄기로 연결된 망을 의미
한다. 본래 컴퓨터나 비즈니스에서 자주 사용되는 용어인데 인간관
계에도 통용되고 있다. 일종의 인맥이라고 이해하면 적당할 것이다.

인맥에는 누구와 누구를 연결하는 연결자 즉, 교점(Node: 연결망의

교점)의 위치에 있는 사람을 빨리, 잘 찾는 것이 중요하다. 어떤 연결자는 한 명만 연계되기도 하는데, 고구마를 캐면 한 줄기에서 여러 개가 한꺼번에 딸려 나오듯 수십 명을 연계하는 연결자도 있다. 우리가 흔히 마당발이라고 칭하는 사람들이다. 이왕 인적 네트워크를 구축하려면 하나의 교점에서 수만 가닥으로 뻗어있는, 소위 마당발을 가진 연결자를 찾아내서, 그를 내 사람으로 만들고 신뢰를 구축하는 것이 가장 지혜로운 방법이 될 것이다.

그렇다면 마당발은 어떻게 찾을 것인가? 어렵지 않다. 정부나 공공기관의 홈페이지는 '발 없는 마당발'이다. 각종 단체나 협의회, 동창회의 회장 또는 총무 등이 '발 달린 마당발'에 해당한다. 이들을 찾기 위해서는 먼저 자신이 얻고자 하는 정보의 키워드를 많이 알아두어야 한다. 각종 회의 성격과 회장의 인사말, 활동 등에 대해 사전에 꼼꼼히 분석해서 구체성을 가지고 접근한다. 아울러 그 모임에 내가 줄 수 있는 것이 무엇인가를 잘 정리해서 이를 제공하면서 소통해 나가면 된다.

또 다른 예를 들어보자. 질문을 많이 하고 질문을 잘 하는 것이 지혜롭게 사는 방법이다. 우리는 흔히 모르는 사실에 대해 쓸데없는 부끄러움을 가진다. 그래서 모르면서도 아는 것처럼 행세하거나 들키지 않으려고 가만히 있는다. 입 다물고 있으면 최소한 모른다는 사실은 감출 수 있다고 생각하는 것이다. 이는 개인은 물론 우리 사회의 심각한 문제이다. 모르는 것을 묻지 않고 함구하는 사회에서 살아가다 보면 은연중에 자신이 모른다는 사실 그 자체도 잊어버리게 된다. 참으로 불쌍한 일이다. 그래서 모르면 그 즉시 질문을 해야 한다.

역사상 가장 질문을 많이 한 철학자로 소크라테스를 들 수 있다. 그가 사용한 진리탐구 방법은 문답법이었다. 그는 스스로 무지하다고 가정하고 대화를 통해 상대방에게 질문을 했다. 그리고 대답을 받아 다시 질문하는 방법을 통해 그릇된 지식에 안주하고 있는 상태를 드러나게 했다. 스스로 진리에 관해서 얼마나 무지한가를 깨우침으로써 진리를 자각하도록 이끌었던 것이다.

소크라테스의 탁월함은 바로 이것이다. 어떤 것을 모른다는 사실을 알았다는 것이 그의 위대함이다. 남들은 모르면서도 모르는 줄 깨닫지 못하고 있는데, 그는 모른다는 사실을 알았다. 모른다는 사실을 아는 것, 이것이 바로 진리를 향한 첫 걸음이다. 모른다는 것은 창피거나 나쁜 일이 아니다. 모른다는 사실을 알았다는 그 자체만으로도 엄청난 깨달음이다. 이런 무지를 깨닫게 되는 순간 앎에 한 발짝 다가서게 된다.

더 지혜롭고 더 생명력 넘치는 삶을 원한다면 질문을 많이 하되, 질문을 잘하는 방법을 터득해야 한다. 그것은 부정적 답변보다는 긍정적 답변을 유도하는 질문방법이다. 서울대학교 최인철 교수의 저서 〈프레임〉의 일부 내용을 인용해보자.

교회를 다니는 甲과 乙이 있다. 둘은 교회에서 담배를 피우고 싶었다. 그러려면 목사님께 허락을 받아야 하는데, 서로 하기 싫어 가위바위보를 통해 결정하기로 했다.

甲이 져서 질문을 하게 되었다. "기도하면서 담배 피워도 됩니까?" 목사님이 언짢아하며 "신성한 예배당에서 어찌 담배를 피울 수 있습니까!"라고 했다. 이 말을 전해들은 乙은 甲에게 "자네, 질문을 잘못했네. 내가 목사님께 가서 다시 여쭤보겠네" 하며 목사님께 갔다. 그리고 이렇게 질문했다. "목사님, 담배를 피우면서 기도해도 될까요?" 이 물음에 목사님은 인자한 표정으로 "되고말고요. 기도는 아무 때나 어느 곳에서나 할 수 있습니다"라고 대답했다.

이 에피소드는 질문하는 방법에 따라 대답이 달라진다는 사실, 즉 질문방법이 중요하다는 것을 단적으로 보여준다. 상대방으로부터 궁

정의 답을 원한다면 긍정을 유도하는 질문을 해야 한다.

  감칠 맛 나는 삶을 살기 위한 또 하나의 방법이 있다. 그것은 많이 배우는 것보다 자신이 하고 있는 일에 가치를 부여하는 것이다. 요즘은 박사학위를 가진 사람들을 주위에서 흔히 볼 수 있다. 그만큼 예전에 비해 박사의 가치가 달라진 듯하다. 80년대 이전만 하더라도 '교수님'보다 '박사님'이라고 하면 더 좋아하는 경향이 있었다. 심지어 교수연구실에 명패가 두 개(교수 홍길동 · 박사 홍길동)나 달려 있기도 했다. 석사나 박사과정에 있는 교수와 지금 박사인 자신을 구분하려는 것일 텐데, 이는 박사가 그만큼 희소가치가 있었기 때문이었다. 그러나 요즘은 다르다. '박사님'이라고 하기보다는 '교수님'이라 불러주는 것을 더 좋아하는 것 같다. 수많은 박사들 중에서 교수인 사람이 소수이기 때문이다.

  일자리를 찾는 것이 아주 어려운 시대다. 박사 학위를 가지고 있어도 취업이 어렵다고 한다. 얼마 전 들은 이야기다. 모 박사가 취업을 하려고 마지막 면접을 보았는데, 불합격되었다는 소식을 들었다. 속상해서 고등학교 친구를 불러내어 술을 마시면서 신세타령을 하고 돌아오는데, 새벽녘 거리를 청소하는 환경미화원이 보였다. 순간 박사의 머릿속에는 '저 사람은 어떻게 저 직업을 갖게 되었을까?' 하는 생각이 스쳤다. 조심스레 물어보았다. "수고하십니다. 힘드시죠? 어쩌다 이 직업을 갖게 되셨나요?" 박사는 환경미화원이 "딱히 다른 일거리가 없어서⋯⋯" 라든가 "배운 게 없어서⋯⋯" 라고 대답하리라 예상했다. 그런데 환경미화원의 입에서 나온 말은 전혀 의외의 것이었다. "이렇게 깨끗해지는 거리를 보면 즐겁잖아요" 자신이 하는 일에 보람을 느끼니 즐거운 것이다. 일거리가 있는 것에 감사하고, 그 일이 보람된 일이라는 생각을 가질 때 그 사람의 삶은 행복해진다.

남극대륙의 자원과 자연환경을 연구하는 세종기지. 이곳에서 일하는 사람들 중에는 많이 배운 사람들도 있지만 그렇지 않은 이들도 많다. 박사와 전문가들이 연구를 잘 할 수 있도록 돕는 사람들, 즉 영양가 있는 식탁을 책임지는 조리사도 있고 기기를 수리하는 기능

사도 있다. 세종기지의 목표를 이루어가는 과정에서 이 모든 사람들은 저마다 없어서는 안 되는 중요한 일을 맡고 있는 것이다. 자신이 하는 일에 자부심을 가지고 의미를 발견하면서 스스로 가치를 부여하는 습관을 들여야 한다. 그러면 신명나고 멋진 삶의 시작이 될 것이다.

물푸레나무와 나무꾼이야기

'동반성장'이라느니, '멀리 가려면 함께가라', '모두 함께하자' 라는 말들이 자주 사용되고 있다. 우리 사회가 그렇지 않기 때문이다. 가진 자와 못가진 자의 격차가 갈수록 벌어지고 있는 가하면, 점점 더 핵가족화 되고 개인주의로 가고 있다. 집단 이기주의도 팽배하다. 그럴수록 더 필요하다고 느끼게 되고 그래서 더 자주 쓰게 되는 것이다.

이러한 가치들에 대한 이야기를 하기 위해 물푸레나무와 나무꾼을 떠올렸다. 물푸레나무는 단단하고 수축되지 않아 가구 재료나 야구 방망이로 제격이다. 특히 나무꾼의 도끼자루로 일품이다. 다른 나무들로 도끼자루를 만들 경우 시간이 지나면 나무가 수축되어 도끼구멍에서 빠져버린다.

어떤 산에 소나무, 참나무, 떡갈나무, 물푸레나무, 편백나무 등 여러 종류의 나무들이 함께 자라고 있었다. 사이좋게 햇볕도 쪼이고 물도 흡수하며 잘 자라고 있는데, 언제부터인가 그들 사이에서 물푸레나무가 소위 왕따가 되었다(왕따는 어린 학생들 사이의 문제만 아니고 가정·동창회·직장 등 어떠한 조직단위에서나 나타나고 있다).

어느 날 그 산 주변에 사는 나무꾼이 튼튼하고 오랫동안 사용할 수 있는 도끼자루를 마련하려고 산에 올랐다. 그는 미리 나무를 하나 정한 다음 베어낼 생각이었다. 그래서 나무들에게 "너희들 중 하나가 필요하다. 3일 후에 베러 올 테니 그 때까지 회의를 통해 어느 나무를 베어야 할지 결정해서 알려다오"라고 하고 산을 내려왔다.

나무들은 3일 동안 치열하게 토론을 했는데, 결국 평상시 비협조

적이면서 무리들 사이에서 사고뭉치로 통하던 물푸레나무로 정했다. 그리고 이 사실을 물푸레나무에게는 알리지 않고 나무꾼이 오면 모두 동시에 물푸레나무를 지칭하기로 약속했다.

3일이 지나 나무꾼이 다시 와서 물었다. "누구로 정했니?" 물푸레나무를 제외하고 모든 나무들이 한목소리로 말했다. "물푸레나무입니다." 나무꾼은 물푸레나무를 베어 집으로 가져갔다. 그리고 잘 다듬어서 예쁜 도끼자루를 만들었다. 그 다음날 나무꾼이 다시 산에 올라왔다. 그는 물푸레나무 자루를 끼운 도끼로 소나무, 참나무, 떡갈나무, 편백나무 등 모든 나무를 베었다. 평소에 미워하던 물푸레나무를 퇴출한 것이 부메랑이 되어 돌아왔고, 함께 동고동락했던 모든 나무들이 죽어버린 것이다.

우리가 함께해야 한다는 것은 그저 좋은 게 좋다는 식의 권장사항이 아니다. 그것은 함께 살기 위해 꼭 필요한 것이기 때문이다. 눈에

거슬리고 맘에 들지 않은 것이 많더라도 스스로 깨우치도록 부단히 다독거리면서 함께 가야 한다.

나무꾼이 3일이라는 시간을 주었을 때, 나무들은 미워하던 동료를 제거하겠다는 생각 대신 외부환경요소인 나무꾼을 설득할 논리를 찾아내는 데 지혜를 모았어야 했다. 나무꾼에게 "왜 도끼자루가 필요한가요?" 라고 되묻고, 나무를 베겠다는 생각이 바뀌도록 설득해야 했다.

"땔감으로 나무를 써도 되지만 부피가 커서 보관하는 장소도 마땅치 않고 비나 눈이 오면 젖어서 썩을 수도 있습니다. 불을 지피는 동안 계속 화덕에 있어야 하는 등 불편함이 많을 테니 연탄·석유 등 다른 연료를 써보세요." 라고 설득할 수도 있었을 것이다. 모두가 함께 살아남아야 한다는 생각으로 나무꾼을 설득했다면, 나무들이 하나도 희생되지 않고 지낼 수 있었을 것이다.

우리는 가족·학교·동창회·직장 등 다양한 조직에서 생활하면서 어떤 특정 구성원을 쓸모없이 여기고, 저 구성원만 없으면 조직의 문제가 다 사라질 것처럼 생각하는 경우가 많다. 그러나 조직의 생리상 그 구성원을 제거한 후에는 또 다른 구성원이 골칫거리로 드러나기 마련이다. 가능하면 힘과 머리를 모아 더 합리적 방안을 찾아내야 한다. 그 구성원이 나름의 역할을 할 수 있도록 배려해 주는 것이 전체 조직을 위해서는 더 생산적인 일이다.

영화 '달마야 놀자'에서 이런 장면이 있었다. 건달이 말한다. "스님, 왜 저에게 이렇게 잘해주십니까?" 스님이 대꾸한다. "네놈이 밑 빠진 독을 물에 던졌던 것처럼 나는 밑 빠진 네놈을 내 마음에 던졌을 뿐이야!" 스님의 대답처럼 넓은 마음으로 코칭을 한다면 쓸모없다고 생각한 바로 그 구성원이 큰 쓰임이 될 수도 있다.

개미처럼 살지 말고
거미처럼 살아라

나는 한때 유명한 곤충학자인 파브르처럼 곤충을 연구하여 재미있는 곤충이야기를 쓰고 싶었다. 그러나 곤충에 대해서 잘 알지 못하기 때문에 안타깝게도 그 꿈은 접어야 했다. 그 아쉬움을 대신해서 잠시 곤충을 보며 살아가는 지혜를 찾아보자. 물론 이 이야기는 지혜롭게 살아가는 방법을 곤충에 비유해서 스토리텔링 방식으로 전개한 것이다.

일반적으로 '개미'는 부지런하고 근면한 이미지를 갖는다. 예전에 어른들은 입버릇처럼 "개미처럼 부지런히 살아라. 그러면 밥은 굶지 않을

것이다" 라고 했다. 또 잘 알려진 '개미와 베짱이' 라는 이야기에서도 개미는 부지런하고 열심히 일해서 겨울에 먹을 양식을 미리 준비한다. 개미처럼 부지런하다면 오늘 먹을 것은 말할 것도 없고, 저장해둔 먹잇감으로 양식을 구하기 힘든 추운 겨울에도 굶어 죽지 않을 것이다.

그러나 안전과 효율이라는 측면에서 생각해보면, 개미처럼 일하다간 큰일 난다. 개미는 자기 덩치보다 훨씬 큰 먹잇감을 물고 이동한다. 끙끙대며 길을 건너 개미집으로 이동하다가 자동차나 사람의 발에 밟혀 죽기도 한다. 짊어진 먹잇감이 너무 무거운 나머지 가느다란 허리에 무리가 오고, 장시간 노동하다가 허리가 부러지는 등 많은 개미들이 겨울이 오기 전에 죽는다. 이는 전략적 사고 없이 열심히 애만 쓴 결과가 만들어낸 안타까운 안전사고라 할 수 있다. 요즘말로 말하자면 개념 없이 무작정 앞만 보고 달려간 결과인 것이다. 주변의 아름다움이나 행복을 만끽하기는커녕, 일터의 상황이나 주변 환경 등도 무시한 채 '무작정 열심히 일하는' 몰지각한 행동을 한 것이다.

그런데 거미는 어떠한가? 거미는 먹잇감을 잡기 전에 전략을 세운다. 눈에 잘 띄지 않으면서 튼튼하고 적당한 크기의 거미줄을 만들기 위해 고민하는 등 사전에 전략을 짜고 행동에 옮긴다.

그렇게 거미집을 다 짓고 한 가운데 앉아서 적당히 쉬고 있으면 곤충들이 스스로 날아와 거미집에 들러붙는다. 이제 거미는 차려진 밥상으로 가서 먹기만 하면 된다. 거미는 자신이 만든 집에 편히 앉아서 인간들이 뼈 빠지게 일하며 살아가는 모습과 계절에 따라 변화하는 꽃의 향연, 초록빛 녹음과 곱디 고운 단풍, 하얀 설경을 구경하면서 삶을 즐긴다. 결국 개미에 비해 거미는 더 안전한 생활을 하는 것이고, 덜 고생하면서도 더 큰 성과를 내는 것이다. 한마디로 저비용 고효율이다.

우리도 개미처럼 막무가내로 무작정 살아서는 안된다. 거미처럼 전략을 짜고 지혜를 발휘해서 더 안전하고 풍요로운 삶을 영위해보자.

無用之用에서 지혜로운 삶을 찾아보자

　무용지용(無用之用)이란 말 그대로 '쓸모없는 것이 쓰임이 있다'는 뜻이다. 살아가다보면 쓸모없다고 느껴지는 것들이 많이 있다. 사람 중에서도 '쓸모없는 놈' 취급을 받는 경우도 있다. 쓸모없다는 것은 무엇인가? 가치가 없다는 것이다. 그런데 이 가치가 없고 도저히 쓰일 만한 일이 없다고 외면했던 것들이 쓰임이 있는 때가 있다. 이것이 바로 '무용지용'이다. 몇 가지 사례를 들어보자.

　속담에 '못된 소나무 선산 지킨다'는 말이 있다. 선산은 유교문화를 가진 우리나라에서 중요한 공간이다. 지금도 그러하지만 30년 전에는 더욱 그러했다. 어른들은 선산을 중심으로 후손들의 안위가 보장된다고 여겼다. 그래서 문중에서는 선산을 지키기 위해 다양한 노력을 아끼지 않았다. 선산에서도 가장 중요하게 여긴 곳은 명당이다. 명당은 뒤는 병풍처럼 산으로 둘러싸여 있고 앞은 바다가 보이면서 탁 트인 '배산임수' 지형을 말한다. 이런 지형은 높은 곳에서 찾을 수 있다. 그래서 선산은 대부분 높았다. 선산 묘지 주변에는 많은 소나무들이 자라고 있었다. 집안에 큰돈이 필요한 경우 다 자란 소나무 중에서 곧고 길게 뻗은 소나무를 베어내 값비싼 가격을 받고 팔았다. 구부러지고 휘어진 소나무는 값어치가 없었다. 그래서 선산 묘지 주변에는 구부러지고 휘어진 '못된 소나무'만 남게 되고, 이 소나무들이 결국 선산 묘지를 지키게 된다는 것이다. 그렇다면 요즘은 어떤가?

요즘 시골에 가보면 산에 다니기가 무서울 정도로 나무와 풀이 무성하다. 성인의 키보다 크게 자라서 멧돼지 등이 많이 서식하고 그

로 인한 피해도 만만치 않다. 옛날에는 나무나 큰 풀들은 땔감으로 썼기에 산길이 훤하게 트여있었다. 그러나 점차 가스나 전기, 석유 등을 연료로 쓰게 되면서 산에 가서 땔감을 구할 필요가 없게 되었다. 상황이 이렇다보니 요즘은 선산 꼭대기에 있는 선조의 묘를 찾아가는 것은 고사하고 그 위치조차 찾기 어렵게 되었다. 어쩌면 구부러진 소나무 한 그루가 우뚝 서 있는 곳을 보고 조상의 묘지를 기억해내게 될 지도 모른다.

다음 사례는 소크라테스의 아내에 대한 이야기다. 소크라테스의 부인 크산티페는 악처의 대명사로 알려져 있다. 그녀는 내조는 말할 것도 없고, 드세고 게으른 성격으로 남편을 힘들게 한 부인이라는 혹평을 받았다. 하지만 이런 부인이 없었다면, 천하의 철학자인 소크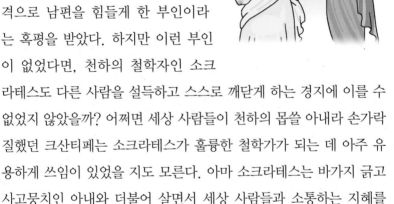라테스도 다른 사람을 설득하고 스스로 깨닫게 하는 경지에 이를 수 없었지 않았을까? 어쩌면 세상 사람들이 천하의 몹쓸 아내라 손가락질했던 크산티페는 소크라테스가 훌륭한 철학가가 되는 데 아주 유용하게 쓰임이 있었을 지도 모른다. 아마 소크라테스는 바가지 긁고 사고뭉치인 아내와 더불어 살면서 세상 사람들과 소통하는 지혜를 얻었을 것이다.

한 가지 더 예를 들어보자. 여기 종교를 가진 사람이 있다. 그의 배우자는 원수라 여겨질 만큼 사고뭉치고, 그래서 차라리 없어졌으면 하는 경우도 많다. 그 사고뭉치를 두고 기도나 불공을 드릴 때 어떤 말을 했을까? "우리 남편(마누라)이 좋은 사람이 되어서 행복한 가정을 만들게 해주소서!" 아마 이렇지 않았을까? 그렇다면 원수라 여겨지는 사고뭉치 배우자도 아주 쓸모가 없는 것은 아닌 것이다. 간절하면서 진심어린 기도나 불공의 제목이 되어주니까 말이다.

세상에는 쓸모없다고 느껴지는 것이 너무도 많다. 하지만 어느 때 어떤 장소에서는 그 쓸모없음이 쓰임이 되는 경우가 반드시 생긴다. 그러니 좀 더 크게 생각해보자. 쓸모없음 속에서 쓸모를 발견하는 지혜로운 삶을 살아보자.

인연은 불가능이
현실이 되는 것이다

　우리는 수많은 인연을 맺으며 살아간다. 좋은 만남은 천생연분이라 해서 미화하고, 나쁜 만남은 질긴 악연이라고 한탄한다. 고등학교 국어시간에 피천득의 〈인연〉이라는 수필을 접할 수 있었다. 그 수필은 아름다운 그림처럼 내 기억 속에 남아있다. 우리가 살아가면서 만나는 수많은 사람들과의 인연은 확률로 따지면 얼마나 될까? 세상에 태어나 살아간다는 것은 설명하기 쉽지 않은 신비로운 일이다.

　우선 생물학적 측면에서 태어날 확률을 살펴보자. 대한간호학회에서 펴낸 〈간호학대사전〉

에 따르면 정상적인 정액에서 1밀리리터(㎖)당 정자 수는 6,000만 마리가 된다고 한다. 배란은 월 1회다. 3회 정도에서 가임이 된다고 가정할 경우, 한 생명이 태어날 확률을 정자의 관점에서 계산하면 1억 8,000만분의 1이 된다. 위키백과에 의하면 지구상에 살아 숨 쉬는 사람의 수는 약 70억 명이다. 우리나라 인구도 행정자치부의 발표에 의하면 5,000만 명이 넘었다. 그러므로 우리가 살아가면서 누군가를 만나게 될 인연의 확률은, 내가 태어날 확률과 상대의 출생 확률을 곱한 값에 지구상에서 만날 확률을 곱한 값이 된다. 즉, '1억 8,000만분의 1 × 1억 8,000만분의 1 × 70억분의 1'이 우리 인연의 값이다. 이 값은 수학적으로 불가능의 수이다. 우리가 살면서 누구를 만나는 인연은 이렇게 불가능에 가까운 것이다.

그런데 항상 누군가가 눈앞에 보이고 만져지고 대화하고 나에게 웃음을 주고 있다는 사실은 얼마나 놀라운가! 그래서 '인연은 불가능이 현실이 되는 것'이다. 이것이 바로 어떤 만남이든, 그 존재가 어떠하든, 우리가 소중히 여기고 지극정성으로 아껴주면서 서로 사랑하지 않을 수 없는 이유에 해당된다. 불가능이 현실로 나타난 인연을 어떻게 맺어갈 것인지는 전적으로 우리들 자신에게 달려 있다. 그래서 우리는 찡그리기보다 웃어야 하고, 험담하기보다 칭찬해야 한다. 요구하기보다 주어야 하고, 줄 수 있는 것이 있다면 먼저 건네야 한다. 불가사의한 인연의 가치를 기억하자. 그렇게 된다면 세상 무엇과도 바꿀 수 없을 만큼 소중하고 값진 인연을 어떻게 대해야 할지는 자연스레 알게 될 것이다.

용서의
진정한 목적

늘 바쁘게 허둥지둥 살아가지만 가끔은 정말 쓸데없는 생각을 해볼 필요가 있다. 사소하고 일상적인 일에 '왜?'라고 의문을 던지며 그 의미를 찾아보는 것도 재미있는 일이다. 우리 신체 중에 목은 왜 있을까? 우선 생리적 관점에서 보면, 목은 음식을 위로 내려 보내는 통로(胃)이다. 또 숨을 들여 마시거나 내뱉는 통로이고 소리를 내는 구멍이다.

비약적일지 모르지만, 소통의 수단이라는 관점에서 보면 어떨까? 상대를 욕하고 헐뜯고 비난하는 나쁜 말이 나오려 할 때, 그러지 말라고, 나쁜 말이 입 밖으로 나오지 않도록 막는 기능이 있지 않을까? 또

남을 용서하고 칭찬하고자 할 때는 이런 기능도 작동할지도 모른다. '눈치나 자존심 따위 생각지 말고 어서 하라' 이런 기능들이 있다고 생각해보니 목은 참으로 중요한 것 같다. 그러나 그보다 더 좋은 삶은 이런 목의 기능이 필요 없을 만큼, 용서를 구하거나 용서할 거리도 없이 살아간다면 그 얼마나 아름답고 좋은 일인가.

하지만 우리는 용서해야 할 일이 많은 사회에서 살고 있다. 그런데 정작 용서는 잘 하지 않고, 아니 용서를 못 하면서 살아간다. 그래서 성경이나 불경을 펼치면 온통 용서하라는 내용이다. 세상살이에서 생기는 온갖 갈등은 싸움이나 분쟁으로 치닫는다. 우리 사회는 수많은 법률로 기준을 만들어 놓고 법정에서 이를 해결한다. 고조선 시대에는 8조법금만 가지고도 사회가 지탱되었다. 그만큼 서로 용서해야 할 사건을 만들지 않았고, 사건이 생긴다 하더라도 서로 용서해서 해결한 측면이 많지 않았을까? 그러나 오늘날 우리는 사람 사이의 신뢰가 점점 줄어들고 법전은 점점 두꺼워져만 가는 불행한 삶을 살고 있다.

이 불행을 벗어나려면 용서해야 한다. 용서는 상대에게 진심어린 이해를 구하는 것이지만, 이를 통해 마음의 평화를 얻을 수 있으므로 더 값진 것이 된다.

용서받을 일을 했으나 미처 용서받지 못한 상태라면 그 속마음이 어떠할지 상상해보자. 이런 경우 대부분의 사람들은 심한 고통을 느낄 것이다. 그렇게 내내 고통에 시달리다가 큰 맘 먹고 용서를 구했다. 그런데 상대방이 흔쾌히 받아주는 게 아닌가! 이때의 평온과 안

락함은 세상 무엇과도 비교할 수 없을 것이다.

　우선 용서해야 할 일을 만들지 말아야 한다. 그러나 살다보면 용서받아야 할 일, 또는 용서해 주어야 할 일을 피할 수 없을 것이다. 그럴 경우 주저 없이 용서를 구하자. 용서받는 사람은 즉시 용서해 주자.

화를 잘 다스리면
인생이 달라진다

살다보면 웃을 일도 있지만 화나는 일도 많다. 화날 일이 없으면 얼마나 좋겠는가마는 그것은 불가능한 일인 듯싶다. 따라서 화를 낼 일이 생겼을 때, 적당히 화를 내면서 화를 잘 푸는 것은 더 좋은 삶을 사는 데 아주 중요한 문제이다. 먼저 '화'가 우리에게 얼마나 나쁜지에 대해 생각해보자.

전 세계적으로 유일하게 우리 나라에만 있는 병이 있다. 바로 화병 또는 울화병이다. 이는 화를 참아서 생긴 것으로 치료하기도 대단히 어렵다. 우리 어머니 세대는 시집을 와서 '귀머거리 3년, 벙어리 3년, 봉사

3년'의 세월을 보내야 했다고 한다. 들리는 것, 보이는 것에 대해 어떠한 감정도 표현하지 않고 못 본 척, 못 들은 척, 참고 살아가야 했다는 것이다. 그래서 화병으로 돌아가셨다는 이야기도 많이 했다. '화'는 Xray나 MRI, CT 등의 첨단 의료장비로도 찾아낼 수 없다.

화병은 서양의학의 관점에서 말하자면 스트레스라고 할 수 있다. 이를 진단하려면 심리검사, 행동검사, 초음파검사 등을 통해 그 증상을 찾아낼 수 있으나, 치료하기가 쉽지 않다. 화병은 단순한 심리상태가 아니라 신체적 증상까지 동반한 질병이기 때문이다. 따라서 우리는 화를 다스리는 일에 좀 더 관심을 기울여야 한다. 주변에서 화를 다스리지 못해 발생하는 온갖 폐해들을 생각해보면 이 문제가 왜 중요한지 알 수 있다. 예를 들어 집에서 화를 자주 내면 싸움이 잦고, 가족들은 집에 있기를 싫어한다. 가정에 먹구름이 가득 차는 것이다. 직장에서는 어떨까? 화를 잘못 다스리게 되면 업무능력이 좋고 나쁘고를 떠나 회사생활을 버텨낼 수가 없게 된다. 승진은 고사하고 왕따가 되거나 징계를 받는다. 친구나 연인 사이에서도 마찬가지다. 자주 화를 내다보면 외톨이가 될 것이다.

그럼 화를 다스리는 방법에 대해서 생각해 보자. 첫째, 대자연의 아름다움을 만끽하자. 우리는 누구나 아무 조건 없이 공기를 마신다. 우리 주변의 풍광은 봄·여름·가을·겨울 사계절이 각각의 아름다움으로 눈을 즐겁게 하고 가슴을 설레게 한다. 이러한 대자연의

혜택을 마음껏 즐기다보면 마음도 순화되고 여유를 갖게 될 것이다.

둘째, 동물을 보고 지혜를 배우자. 드넓은 초원에서 얼룩말이나 코끼리가 욕심 부리지 않고 평온하게 거니는 모습을 상상해 보라. 우리 중에 동물보다 못한 삶을 살고 싶은 사람이 있을까? 묵묵하게 자기 할 일을 하면서 욕심 부리지 않고 함께 살아가도록 하자. 셋째, 책을 읽고 글을 써 보자. 글을 쓴다는 것은 자신을 객관화하여 들여다보는 과정이다. 자기 생각뿐 아니라 감정까지 객관적으로 볼 수 있다면 화를 참지 못하거나 화병에 걸리지 않을 것이다. 책을 읽고 글을 쓰는 행위는 감정과 생각을 정리하는 과정이 된다. 넷째, 화가 날 일이 생기면 화를 간직하지 말고 그 즉시 공간에 띄워 놓자. 이 세상에 적당량의 화가 있다고 가정해보자. 크기나 질을 구분하지 말고 이 세상에 화가 1만개 존재한다고 치자. 한 사람이 화를 20개 가지고 있으면 사망에 이르고, 10개 이상이면 질병에 걸리고, 10개보다 적으면 반대로 자극제가 되어 에너지 역할을 한다고 가정하자. 그런데 바로 지금 열 받는 일이 생겼다. 화가 10개에서 11개, 12개, 15개 이렇게 계속 늘어난다면 어떻게 해야 할까? 성격이 내성적이어서 가슴에 묻어두면 질병에 걸리거나 죽음에 이른다. 그래서 화를 표출하고 다른 사람에게 화풀이를 하면, 화는 배수 또는 승수로 증가해 더 큰 화가 되어 나에게 돌아온다.

따라서 화가 날 때는 다른 누군가에게 전가하지 말고 제3의 공간에 놓도록 하자. 즉, 허공이나 큰 항아리에 머리를 박고 소리를 지르는 것이다. 이렇게 혼자서 질러 대는 것이 참는 것보다 낫다. 화는 참지 말고 적당한 방법으로 내보내야 한다. 늘 자기 안의 화가 일정 이상이 되어 넘치지 않도록 관리해야 한다.

스프링복의
내달리기

TV에서 아프리카 밀림이나 초원의 생태계를 보여주는 프로그램을 종종 보게 된다. 언젠가 그런 프로그램을 통해 '스프링복'이라는 초식동물을 알게 되었다. 스프링복의 삶은 치열한 경쟁사회를 살아가는 우리네 삶을 되돌아보게 해주었다. 과연 이 치열한 경쟁은 누가 만들었고 언제부터 시작되었는가? 우리는 경쟁하면서 살아가는 수밖에 다른 방법은 없는 걸까? 경쟁하는 삶은 결코 행복할 수 없다.

스프링복은 1,000여 마리씩 떼를 지어 다닌다. 이렇게 큰 무리가 되다 보니 나름의 질서와 규칙이 필요해진다. 스프링복은 초식동물이니 풀을 뜯어먹는다. 이때 50여 마리씩 무리지어 차례대로 풀을 뜯는다. 처음 초원을 만나면 풀이 많기 때문에 줄을 선 상태로 식사를 즐기며 천천히 사이좋게 거닌다. 그렇게 어느 정도 시간이 지나면 무성했던 초원은 스프링복 무리의 제일 앞줄부터 풀뿌리만 남게 된다. 이때 맨 뒷줄에 있는 놈들은 먹을 풀이 없게 되므로, 바로 앞줄의 무리를 뿔로 받으며 빨리 앞으로 가라고 재촉한다. 재촉당한 무리는 자신들의 앞줄에 있는 무리를 들이받는다. 이렇게 계속해서 앞을 향해 순차적으로 들이받는 행동이 번져나가면, 나중에는 먹을 풀이 풍부함에도 전체 무리가 영문도 모른 채 달려 나가게 된다. 그렇게 앞으로 달리기를 거듭하다가 낭떠러지를 만났다. 더 이상 앞으로 갈수 없으므로 멈춰야 한다. 그러나 이런 상황을 모르는 뒤의 무리들이 계속 밀어붙인다. 결국 맨 앞줄부터 낭떠러지로 떨어지고, 종국에는 1,000여 마리의 스프링복 무리 전체가 특별한 이유 없이 낭떠러지에 떨어져 죽고 마는 것이다.

참으로 어이없고 무서운 일이다. 왜 경쟁하는지도 모른 채, 무엇을 위해 내달리는 건지도 모른 채, 그저 앞으로만 달리게 되면 결국 아무도 살아남지 못한다. 중간에 멈출 수도 없다. 영문도 모른 채 앞으로 내달리는 스프링복을 보면서 오늘날 우리 삶의 모습을 보는 것 같아 섬뜩함을 느꼈다. 목적이 무엇인지 모른 채 그저 남보다 앞서야 한다는 생각만으로 이리 저리 쫓아다니는 경우가 얼마나 많은가. 등산을 할 때 빨리 산꼭대기에 닿았다고 등산을 잘 했다고 평가할 수 있을까? 등산의 궁극적인 목적은 산을 오르는 과정 그 자체이다. 정상을 향해 가되, 그 과정에서 산을 느끼고 동행하는 사람과 이야기꽃을 피우고, 간혹 시원한 물도 마시고, 이 모든 것을 즐기기 위해 산을 오르는 것이다.

누군가 어디로 가는지, 왜 가는지도 모른 채 내달리는 우리네 모습을 본다면 어떤 기분을 느낄까? TV 속의 스프링복 무리들처럼 참으로 안타깝고 불쌍함을 느끼지는 않을까? 이런 식의 경쟁은 소수 승리자의 지나친 낭비를 부추길 뿐이다. 그래서 결국에는 자원이 고갈되고, 경쟁에서 낙오한 다수의 사람은 패배의식과 불안으로 피폐해져 모두가 파멸의 낭떠러지로 추락하게 될 것이다. 이제라도 늦지 않았다. 멈춰 서서 좌우를 둘러보고 모두가 다 같이 살 수 있는 지혜로운 방법을 찾아보자.

평면적 시간과
입체적 시간의 조화

　나는 논리적이거나 검증되지 않는 것일지라도 상상해보기를 즐긴다. 그리고 그런 생각들을 다른 사람들과 공유하는 것을 좋아한다. 세상에 영원한 것이 있을까? 절대자 이외는 없는 듯하다. 인간이 한계를 느끼는 가장 근본적인 이유를 찾다보면 아마도 그 끝에는 시간이 있을 것이다. 인간의 시간은 유한하다. 누구나 그것을 알고 있다. 지나간 시간은 되돌릴 수 없고 앞으로 다가 올 시간도 당겨 올 수 없다.

　인간을 간단히 육체와 영혼으로 분리해서 생각해 보면, 육체는 영

혼이 잠시 머무르는 집에 불과하다. 육체와 관계된 시간을 '평면적 시간'이라 하고, 영혼과 관계된 시간을 '입체적 시간'이라고 구분해 보자. 지금 살아 움직이는 육신은 어제의 시간으로 되돌릴 수 없고 내일로 먼저 살 수도 없다. 우리 육신은 평면적 시간의 관점에서 순간순간 건강하고 안전한 상태를 유지하는 것이 최선이 되어야 한다. 그러나 영혼은 이와 다를 것이다. 어제의 잘못을 지금 시점에서 반성할 수 있다. 그리고 새로 태어난 것처럼 좋은 방법을 모색하고 내일 펼쳐질 사건들을 오늘 미리 예측할 수 있다. 계획을 수립해서 더 포맷화된 삶을 살 수 있는 것이다. 이러한 입체적 시간의 관점에서 보면 영혼은 어제보다는 오늘이, 오늘보다는 내일이 더 아름답고 희망적이다. 평면적 시간은 한번 지나가면 다시 올 수 없지만 입체적 시간은 늘 새로워질 수 있다.

'개똥밭에 굴러다녀도 이승이 낫다' 라는 말처럼 육신이 살아 움직인다는 것은 참으로 중요하다. 되돌릴 수 없는 이 평면적 시간은 그래서 더 중요해진다. 평생에 걸쳐 매일 같이 눈을 뜨면 86,400원을 준다고 가정해보자. 오늘 80,400원을 썼다고 미처 못쓴 6,000원이 적립되는 것이 아니다. 내일 눈을 떴을 때 어제 못쓴 돈을 더해 92,400원을 주는 것이 아니라 똑같이 86,400원이 주어진다. 오늘 쓰지 않으면 남아도 없어지는 것이다.

처음 며칠은 돈이 모자랄 정도로 다 쓸 것이다. 그러나 일정 기간이 지나면 지쳐서 다 쓰지 못하게 된다. 여기서 86,400원이라는 숫자는 매일 우리에게 주어지는 하루 24시간이라는 평면적 시간을 초로 환산한 것이다. 우리는 날마다 86,400초를 낭비하지 않고 사용해야 하는 삶을 살아가고 있다. 오늘 아낀 시간이 적립되어 내일을 만드는 것이 아니다. 어떤 사람은 하루 86,4000초가 부족할 것이고 어떤 사람은 남아 돌 것이다. 특히, 잠자는 데 쓰는 시간을 생각해보자. 죽으면 깨어나지도 못하고 영원히 잘 수 있는데, 왜 미리 더 자려고 하는가. 86,400초를 보다 짜임새 있고 가치 있게, 더 아낌없이 잘 사용해서 멋진 인생을 살아야 하지 않을까?

이 세상에서 가장 공평한 것이 바로 평면적 시간이다. 부자나 가난한 사람이나, 잘났거나 못났거나, 남녀노소 불문하고 모두가 공평하게 매일 86,400초를 가지고 살아간다. 우리가 어떻게 사느냐는 주어진 86,400초를 어떻게 쓰느냐에 달려 있다. 평면적 시간을 잘 쓰려면 입체적 시간을 통해 반성도 하고 계획도 세우는 노력이 필요하다. 입체적 시간의 관점에서 영원히 살 것처럼 꿈꾸고, 평면적 시간의 관점에서 오늘만 살고 죽을 것처럼 살아보자. 인생은 생각만큼 길지 않다. 지지(知止)를 이해한다면, 지금 이 순간을 즐겨라!(Carpe Diem!)

항아리 속에서는
항아리 모양을 알 수 없다

'항아리' 라고 하면 외할머니가 떠오르고, 뭔가 정겹고 푸근해진다. 우리의 전통적 생활양식에서 항아리는 매우 중요한 역할을 담당해왔다. 고추장·된장·간장을 담글 때 항아리에 저장했고 쌀이나 곡식도 큰 항아리에 보관했다. 항아리는 공기가 통하면서도 내용물을 안전하게 보관할 수 있는 신비한 저장소이다. 항아리는 좋은 흙을 캐어 손으로 빚고 적정 온도에서 구워내야 하는 어려운 제작과정을 거친다. 그래서 항아리에는 만든 이의 정성과 혼이 담겨있다. 우리 선조들의 혼이 깃든 항아리에서 지혜롭게 살아가는 삶의 방법을 찾아보자.

먼저 큰 항아리 속으로 들어가서 그 항아리의 모습을 생각해본다고 하자. 대충 어림짐작으로 상상해볼 수는 있겠으나 정확한 모습은 알 수 없다. 항아리의 정확한 모양을 알고자 한다면 항아리 밖으로 나와서 직접 눈으로 봐야 한다. 우리네 생각의 모양도 마찬가지이다. 자기 안에 갇혀 있으면 그 실체를 알 수 없다. 다른 사람들과 함께 나눌 때 비로소 생각의 정체가 정확해진다. 나와 다른 사람의 관점에서 생각을 보는 것이다. 그래야 생각을 객관화하여 범용성 있는 사고로 정립할 수 있다. 이것이 바로 소통의 시작이다. 자신의 사고의 틀에 갇혀 있어서는 아무리 깊이 파고 들어도 그 실체를 파악할 수 없다. 우리에게는 비추어 보는 대상이 필요하다.

다시 항아리 이야기로 돌아가 보자. 항아리 안에서 보면 항아리 모양은 안으로 들어가 있다. 하지만 밖에서 보면 볼록 튀어 나왔다고 할 것이다. 정반대의 의견이다. 안에서 보는 것과 밖에서 보는 것이 다를 수밖에 없는 상황이기 때문이다. 이처럼 어떤 사물을 바라보는 관점이 다른 경우는 수도 없이 많다. 관점의 차이를 인정하고 속해 있는 틀에서 벗어나지 않으면 결코 해결되지 않는 문제이다.

바라보는 관점에 따라 얼마든지 다르게 보이는 사례는 무수히 많다. '토끼와 거북이' 이야기를 예를 들어보자. 누군가는 '토끼는 잠꾸러기이고 요령꾼이며 약삭빠르다'고 생각한다. 그런데 어떤 사람들은 '토끼는 합리적이고 똑똑하며, 유쾌하다'고 평가한다. 이렇게 우리들 마음의 창은 제각각이다. 자기만의 창 안에 갇혀 있으면 그것밖에는 모른다. 그 이외의 것에 대해서는 거부감을 가지게 된다. 밖으로 나와서 또 다른 관점을 갖는 지혜로운 삶을 살아보자.

안 전 을 넘 어 행 복 으 로

행복한
삶

행복은 어디에?

　행복(幸福)이라는 단어는 '다행(幸)'이라는 의미의 한자와 '복(福)'이라는 한자가 조합된 것이다. 말장난이라고 할지 모르지만, 행복의 의미를 이런 측면에서도 생각해볼 수 있다는 넓은 아량으로 이해하며 읽어주길 바란다.

　먼저 幸은 십자가(十) 위에 서 있는(立) 십자가(十)로 분해할 수 있다. 십자가는 예수가 인간을 대신하여 처형당한 도구이다. 예수가 처형당한 후 십자가는 생명 또는 하나님을 상징하게 되었다. 기독교나 천주교 신자들은 하나님은 절대자이며 하나님을 믿고 가까이 하는 것이 복된 길이라고 믿는다. 따라서 幸은 행태적으로 하나님 위에 서있는 하나님의 모습을 담았다는 측면에서 엄청난 축복과 좋은 것을 다 얻는다는 의미라 할 수 있다.

福은 분해하면 示, 一, 口, 田, 이렇게 네 글자로 떨어진다. 示는 天이 내려와서 示자가 되었다고 상상해보자. 그렇다면 福은 '하늘이 한 사람의 입에 거미줄치지 않은 만큼을 먹을 수 있는 밭'을 준 것이다. 굶지 않고 먹을 수 있으니 얼마나 행복한 일인가!

결국 행복은 '하늘 즉 절대자가, 우리들 한 사람 한 사람에게 살아가는 데 부족함이 없을 정도로 주는 것이며, 그것을 받은 이가 족하다고 느낄 때의 상태'라고 할 수 있다. 이렇듯 행복은 세상에 태어난 순간 이미 각자의 몫으로 주어진다. 그래서 지족(知足)이란 말처럼 분수를 알고 만족할 때 행복한 것이다. 분수를 모르고 날뛰거나 과욕을 부리면 행복은 커녕 재앙을 받게 된다.

한 예로, 조선시대 때 가장 명석했음에도 분수를 몰라 송도 3절(황진이, 박연폭포, 서경덕)에 끼지 못한 지족선사라는 분이 있었다. 지족이라는 단어도 그 이름을 따서 생겨났다고 한다. 대부분의 사람들은 분수를 잘 알지 못하고 불행하게 살고 있다. 행복이 멀리 있어 닿지 못하는 것이 아니다. 행복은 누가 가져다 줄 수도 없다. 누구든 자기 몫의 행복을 받고 태어난다. 아침에 일어나 숨을 쉬고 사랑하는 사람을 바라볼 수 있다는 그 사실에서 행복을 느껴야 한다. 이는 모두에게 허락된 행복이며, 단지 그것을 느끼지 못할 뿐이다. 주어진 행복을 느끼지 못하는 이는 불행하다. 매일매일 행복이 주어지고 있는데도 그것을 느끼지 못하니 행복하지 않을 수밖에 없다.

몇 십 년 만에 동창회에 나간 친구 둘이 있다. A라는 친구는 50억 대 부자고, B라는 친구는 그럭저럭 밥은 먹고사는 중견간부였다. B는 자신의 인생을 건강하고 행복한 삶이라 자부해왔다. 그러나 50억 대 부자 친구를 만나자 불현듯 자신이 하찮고 초라해 보이기 시작했고 자신이 불행하다는 생각을 가지게 되었다. B는 과연 정말 불행한 사람일까? 아니다. 자기에게 주어진 행복을 보지 못한 채 불행만 찾는 어리석음을 범한 것이다.

B는 부자친구인 A를 만나서 새로운 행복을 누릴 수도 있었다. A는 B를 위해 맛난 음식도 사주고 멋진 여행도 함께 가자고 할 수 있을 것이다. 긍정적인 마음으로 함께 지내다보면 우정도 쌓고 새로운 행복을 누릴 수 있는 기회도 생겨날 것이다. B가 불행을 느낀 것은 자신을 부자 친구와 비교하면서 불행할 만한 조건만을 찾았기 때문이다. 잊지 말자. 행복과 불행은 강제적으로 주어지는 것이 아니라 선택하고 만들어 가는 것이다.

뒤집어 생각하라!
행복할 것이다!

세상에는 별의별 사연이 있고 기구한 운명도 많다. 하지만 나쁜 일인 줄 알았는데 지내보니 좋은 일의 시작이었을 수도 있고, 좋은 줄로만 알았던 일이 사실은 불행의 시초가 되는 경우도 있다. 그래서 살다가 풀리지 않으면 뒤집어 생각해 보는 지혜가 필요하다. 살아가는 동안 도저히 풀리지 않는 일에 마주쳤다면, 불행의 길목으로 접어들기 전에 가벼운 마음으로 한번 뒤집어 보자. 새로운 관점으로 행복의 실마리를 찾아보자는 것이다.

'가출'이라는 말은 그리 좋은 느낌을 주지 않는다. 이 말을 들으면 대부분 문제 있는 청소년이 반항의 의미로 집을 나가는 것을 연상하기 때문이다. 학생이 가출했다 하면 비행청소년으로 인식이 뒤따른다. 한마디로 가출이라는 말은 우리 사회에서 부정적 느낌으로 사용되고 있는 것이다. 그런데 '가출'이라는 단어를 뒤집어보자. '가출'을 거꾸로 '출가'라고 읽으면 어떤 생각이 드는가?

일단 부정적 어감은 아니다. 오히려 석가모니를 떠오른다. 석가모니는 출가해서 세상을 구원했다! 요즘 우리가 쓰는 말로 바꿔보면 석가모니는 '가출'을 해서 온갖 '고생'을 하다가 깨달음을 얻어 중생을 구원했던 것이다. 만약 가출한 자식이 있거든 걱정하고 꾸짖지 말고 이렇게 생각해보면 어떨까? '아, 출가를 했구나' 반항과 나쁜 짓이 아니라, 인생에 대해 더 넓게 생각하고 더 크게 성장할 수 있는 길로 접어들었구나 라고 말이다. 가출한 자식에게 무작정 울고불고 야단만 칠 것이 아니다. 다독거리고 고민을 들어주며 더 넓은 세계를 향해 더 성장할 수 있도록 아낌없이 격려해보자.

실제로 80년대 이전만 해도 시골에서 도회지로 가출한 소년·소녀들의 성공담을 자주 들을 수 있었다. 방직공장에 취업해서 옷가게 사장이 되거나, 중국집 배달원부터 시작해 중식당을 경영하게 되었다든가, 청계천 공구상가의 심부름꾼이 제조업체의 사장이 되었다. 이처럼 가출이 청소년의 비행이 아니라 새로운 성공을 향한 출가가 된 사례는 얼마든지 있다.

살자 살가 출치

자출가정정치

'자살'은 어떠한 경우에도 용납할 수 없는 말이다. 그럼에도 최근 우리 사회에서는 이 슬픈 단어가 너무나 자주 흔하게 사용되고 있다. 참으로 안타깝다. 특히 OECD 국가 중에서 우리나라의 자살률이 가장 높다고 한다. 참으로 비참한 생각이 든다.

자살은 어떠한 이유로도 합리화되거나 용납되어서는 안 되는 중대한 범죄행위다. 자살의 이유들을 보면 경제적 어려움이나 명예가 실추되어서가 많다. 그러나 아무리 빚을 지고 사업이 망했다고 한들 명예가 실추되었다고 한들, 자살을 선택하는 것은 계산상으로도 한참을 밑지는 선택이다. 앞에서 언급했듯이 의학적으로 사람의 몸값은 540억 원이라고 한다. 아무리 계산기를 두드려 봐도 자살은 도저히 해서는 안 되는 어리석은 짓임에 틀림없다.

만일 자살을 떠올릴 만큼 어려운 상황에 처했다면 한 번만 생각해 보자. '자살'이라는 말을 뒤집어 '살자'라고. 그 순간만 넘기면 본인은 물론 주변 사람들 모두가 깊은 슬픔을 겪지 않을 수 있다. 사람이 삶을 포기하지 않으면, 신도 그를 포기하지 않을 것이다.

'치정'이라는 말도 아주 좋지 못한 느낌이다. 치정살인이니 치정에 얽힌 비극적 사건이니 하는 말들이 우리 사회에 심심찮게 등장한다. 이 단어도 뒤집어 보자. 그러면 '정치'가 된다. 사실 우리 사회에서 '정치'라는 말은 치정보다는 덜 하지만 마찬가지로 좋지 않은 느낌을 풍긴다. 그런데 한 가지 분명한 것은 정치의 본래 의미는 결코 나쁜 것이 아니라는 사실이다.

국민(시민)의 보다 나은 삶을 위해 국민에게 꿈과 희망을 주는 것이 정치의 본래 의미이다. 정치라는 단어가 나쁜 어감으로 들린다면 그것은 그 동안 우리 사회의 정치가 본래의 역할을 하지 못한 채 국민에게 불신을 심어주었기 때문이다. 이런 좋은 의미의 단어가 부정적으로 통용되는 현실이 안타까울 뿐이다. 하루 빨리 본래의 의미를 되찾는 좋은 정치가 이루어지기를 간절히 염원해본다.

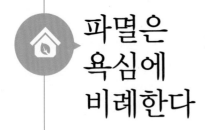

파멸은
욕심에
비례한다

생각해보면 지구상의 생명체 중에서 가장 멍청한 것이 우리 인간인 듯하다. 인간은 스스로 만물의 영장이네 어쩌네 하면서 '가장 똑똑하다고 자부해왔다. 하지만 과연 그럴까?

동물들을 보면, 하루 종일 먹고, 싸고, 자고, 몸치장하는 것을 제외하고는 하는 일이 없다. 게으르고 한심하다고? 이 얼마나 여유로운 삶인가! 인간들을 보자. 하루 종일 일하고 또 일하고, 그야말로 죽도록 일을 한다. 대부분의 사람들이 노동에 치여 살아가고 있다. 몸과 정신이 망가지는데도 어쩔 도리가 없다. 노동이외에도 요구받는 것들이 너무나 많다. 치아관리를 위해 하루 3회, 한번에 3분 이상 이를 닦아야 한다. 하루에 30분 이상 걸어야 하고, 세수를 하는데 2시간 이상이 걸리는 연예인 세안법도 있다. 식사를 준비하는 데도 많은 시간이 걸린다. 몸을 만들기 위한 많은 규칙들이 있지만 실제로는 동물보다 건강하고 멋진 몸을 갖고
있지 못하다. 기를 쓰고 노력하
는 데도 자연 상태로 살아가는
동물보다 그다지 나을 것이 없
다. 그렇다면 과연 우리 인간은
똑똑한 것인가? 이런 의문을 가
질 수밖에 없는 것이다.

　인간이 만들어 놓은 온갖 문명의 이기들
은 편리함을 준다고 생각한다. 그러나 실제로는 부작용이 심각하다.
동물들 중에서 인간과 가까이 살고 있는 동물은 수명대로 살지 못한
다. 소, 돼지, 개들을 보라. 자연에서 부여된 수명대로 사는 것이 아
니라 인간이 정한 시점에 죽음을 맞는다. 인간이 주는 먹이를 먹고
편하게 사는 것 같지만 결국 도살장에 끌려간다. 인간의 손길이 미
치지 않은 순수한 자연환경일수록 더 건강하고 평화롭다. 인간에게
가까워질수록 파괴된다.

　이런 비극은 무엇 때문인가? 인간의 손길이 닿는 곳은 왜 모조리
파괴되는가? 그것은 바로 우리들의 욕심 때문이다. 자연은 필요한
만큼만 사용하도록 되어 있다. 인간 외에 모든 생명체는 자신에게
지금 필요한 것 이상을 얻으려 하지 않는다. 오직 인간만이 필요 그
이상을 갈구한다. 지금도 충분히 많음에도 더 이상을 끊임없이 원한

다. 파멸은 욕심에 비례해서 찾아온다.

알려진 바에 의하면 지구상에서 가장 먼저 사라진 동물은 공룡이다. 그들은 너무 큰 몸을 지탱할 수가 없어서 자멸했다. 공룡은 지금까지 지구상에 알려진 생명체 중 가장 덩치가 크다. 그 엄청난 크기를 유지하려면 많은 것이 필요했고, 결국 생태계에서 살아남을 수 없는 지경이 되어 지구상에서 사라진 것이다.

뿐만 아니다. 인간이 가축으로 기르는 소, 돼지 등은 같은 날 같은 시간에 태어나도 일정 사육기간이 지난 후 순서대로 도축업자에게 팔려나간다. 사육되는 가축들 역시 몸무게가 많이 나가면 먼저 죽는 것이다. 나무들도 그러하다. 태풍으로 인해 먼저 쓰러지는 나무는 울창하고 큰 나무다. 2010년 태풍 곤파스가 우리나라를 휩쓸고 지나 갔다. 이후 등산을 위해 산을 찾았더니 덩치가 큰 나무는 모조리 쓰러져 있는데, 그 옆에 키 작고 가지도 적은 나무들은 꿋꿋이 살아서 우리를 맞이하고 있었다. 나무도 적당량의 크기로 살아가면 오래 산다. 옆의 나무가 자라도 못하도록 물과 토양의 자양분을 독차지하다 보면 몸집이 불어난다. 그렇게 비대해진 나무들은 태풍이 왔을 때 가장 먼저 생을 마감했다. 동물이나 나무는 다이어트를 해야 조금이라도 더 오래 사는 것이다.

인간 역시 예외가 아니다. 최근 사회적으로 가장 관심 있는 사안 중 하나가 다이어트이다. 미용은 물론 건강을 위해서도 몸무게를 줄여야 한다는 것이다. 그래서 사람들은 시간과 돈을 아끼지 않고 별의별 의약품과 운동처방 등을 받으며 다이어트에 열중한다. 그러나 단순히 몇 그램의 몸무게 차이로 수명이 결정될까? 더 근본적인 것은 몸무게가 아니라 욕심의 무게이다. 확실히 오래 살 수 있는 방법이 있다. 몸무게가 아니라 욕심을 다이어트 하는 것이다.

도인들이나 존경받는 종교인들 가운데는 장수한 사람들이 많았다. 인류 역사상 가장 대표적인 성현들의 경우 어떠한가? 정확하지 않지만 일반적으로 알려진 바에 의하면 공자는 약 73세(BC 551~479), 석가모니는 약 80세(BC 563~483)를 살았다. 예수의 경우는 그 죽음이 자연적인 것이 아니었으므로 수명을 논할 수 없을 것이다. 어쨌든 그분들이 살았던 시대의 평균수명을 고려할 때 성현들은 분명히

장수를 누렸다고 할 수 있다. 그것
은 아마도 그분들의 욕심 없는
삶 때문이었을 것이다.

  성현들의 가르침은 하나같
이 이기적인 욕심을 버리고 베
푸는 삶을 강조했다. 자신들 역시
스스로를 희생하면서 탐욕 없이 오직
타인을 위해 베푸는 삶을 살았다. 그렇기
에 몸과 마음이 깨끗해졌던 것이고 천수를 누릴 수 있었던 것이다!
물론 우리의 삶이 오래 사는 것에만 의의가 있는 것은 아니다. 오래
살든 짧게 살든 간에 욕심을 줄이고 분수에 맞게 사는 것이 필요하
다. 행복한 삶을 위해 꼭 필요한 자세이다.

꿈은
포기하지 않는 한
이루어진다

우리는 살아가는 동안 수많은 약속을 한다. 개인적 다짐은 물론 타인과의 약속, 나아가 공적인 계약 등 약속의 종류는 무수히 많다. 이 중에서는 쉽게 지킬 수 있는 약속도 있지만, 많은 경우 지키지 못하거나 지키기 어려운 경우도 있다. 그래서 우리는 의지가 부족하거나 사정이 허락지 않아서 등 수많은 이유로 약속이나 계약을 파기하게 된다.

물건구매 · 집매매 · 근로계약 등을 파기하기도 하는데, 심지어 결혼생활을 중도에 파기하고 이혼하는 경우도 많다. 그러나 어떤 상황에서도 결코 파기해서는 안 될 약속이 있다. 바로 자신과의 약속인 꿈이 그것이다.

꿈은 스스로 파기하지 않는 한, 즉 포기하지 않는 한 언젠가는 반드시 이루어진다. 우리나라 축구가 월드컵 4강에 오르고, 대표선수가 올림픽에서 메달을 획득한다는 것이 요원한 꿈이었던 시절이 있었다. 그런데 그 꿈은 이미 이루어진 사실이 되었다. 꿈을 가지고 포기하지 않고 실패를 거듭하면서 계속 도전한 결과 꿈을 이루게 된 것이다. 그래서 '꿈은 이루어진다'는 슬로건이 대한민국 대표 응원 슬로건으로 자리 잡게 되었다.

다음은 조엘 오스틴이 쓴 〈긍정의 힘〉이라는 책을 읽고 새롭게 이야기 형식으로 재구성해 보았다.

어느 깊은 산속에 1년생 참나무, 자작나무, 소나무가 우연히 같은 장소에서 살게 되었다. 어느 날 이 세 나무는 서로의 꿈에 대해 말했다. 참나무는 이 세상에서 가장 아름다운 보석상자가, 자작나무는 이 세상에서 가장 지체 높으신 분의 이동수단이, 소나무는 길 잃은 자의 이정표가 되는 것이 꿈이라고 했다.

이들은 비바람과 눈보라, 홍수와 가뭄이 와도 서로가 서로를 격려하고 응원했다. 그리고 자신들의 꿈을 다짐하며 무럭무럭 성장했다. 그러던 어느 날 씨름선수처럼 힘센 나무꾼이 와서 톱과 도끼로 세 나무를 차례로 베어내더니, 자신의 오두막 집 뒤뜰에 눕혀 놓았다. 세 나무는 너무도 갑작스런 상황에 낙담하며 '이렇게 꿈도 이루지 못한 채 땔감으로 불에 타는 것 아니냐'는 생각에 잠겨 있었다. 한참 후에 소나무가 말했다. "어떠한 일이 있어도 우리가 함께 다짐했던 꿈을 절대로 포기하지 말자" 나무들은 소나무의 격려에 힘을 얻었고, 기운을 내서 자신들의 꿈을 열 번씩 외쳤다.

10여 일이 지나 나무꾼이 참나무를 집어 들었다. 가지를 쳐내고 몸통만 남기더니 도끼로 홈을 팠다. 나머지 나무들은 부들부들 떨면서 자신들의 꿈과 참나무의 꿈을 위해 기도했다. 나

무꾼은 참나무통의 홈을 다 판 후 마구간으로 가져가 소 여물통으로 사용했다. 이 세상에서 가장 아름다운 보석상자가 되고자 했던 참나무는 지저분한 마구간에서 소 밥통이 된 자신의 신세가 죽도록 싫었다. 그러나 이내 정신을 가다듬고, 다시 꿈은 이루어질 거라는 다짐을 하면서 마음을 다독였다. 그러던 어느 날 새벽, 그 마구간에서 아기가 태어났고 소 여물통에 눕혀졌다. 그 아기는 바로 예수였다. 보석상자가 되기를 꿈꾸었던 참나무는 너무나 놀랍고 행복했다. 자신의 꿈이 드디어 이루어졌기 때문이다.

자작나무는 어떻게 되었을까? 어느 날 나무꾼은 자작나무의 잔가지를 치더니 몸통중심으로 홈을 길게 파서 쪽배를 만들었다. 자작나무는 실망했다. 쪽배는 돈 없고 가난한 어부가 낚시할 때 쓰는 것이기 때문

이다. 가장 지체 높은 사람의 이동수단이 되길 원했던 자작나무로서는 자신의 꿈이 산산조각 나는 순간이었다. 그런데 어느 날 예수가 강 건너 마을로 가기 위해 이 쪽배를 타게 되었다. 결국 자작나무의 꿈도 이루어진 것이다.

마지막으로 나무꾼은 소나무를 두 쪽으로 갈라 십자모양으로 묶어 대문에 세워 두었다. 빨래도 말리고 고기도 말리는 데 쓰기 위해서였다. 소나무 역시 이정표가 되겠다는 자신의 꿈을 이루지 못하게 되었으므로 크게 낙담했다. 그러나 그나마 사람

을 위해 쓰이게 되어 다행이라고 스스로를 위로하면서 지냈다. 그러던 어느 날 늙은 목사님이 와서 나무꾼의 초가집을 사게 되었다. 그곳에서 예수가 태어났다는 사실을 알고 있었기 때문에 그 초가집을 교회로 사용하기로 한 것이다. 낡은 초가집을 고치고 마구간을 수리해 예배당으로 만들던 중 목사는 십자가가 있어야겠다고 생각했다. 그런데 집이 워낙 낡아 지붕에 십자가를 달 수 없었다. 결국 목사는 마당에 빨래걸이로 세워놓은 소나무를 십자가로 활용하기로 했다. 이렇게 소나무도 자신의 꿈을 이루었다. 소나무는 십자가가 되어 영혼의 길을 잃은 자들의 이정표가 되었다.

이 세 나무의 이야기처럼 꿈은 포기하지 않는 한 언젠가 반드시 이루어진다. 우리에게 닥쳐오는 상황들은 늘 꿈과는 반대의 방향으로 흘러가는 것 같다. 살다보면 모든 것이 끝났다고 느껴지기도 하고,

꿈을 생각하지 않는 것이 더 견디기 쉬운 날들이 더 많은 듯하다. 그러나 자신과의 약속인 꿈을 스스로 파기하지 않는 한, 언젠가는 반드시 생각지 못한 상황에서 예측할 수 없는 방법으로 꿈은 이루어지게 된다. 이런 것이 진정 행복한 삶이 아닐까!

세상을 '확' 바꿀 수 있는 유일한 길

살다가 뭔가 바꾸고 싶을 때가 종종 있다. 이럴 때 뜻대로 확 바꿀 수만 있다면 얼마나 신나고 좋을까? 예를 들어 가전제품이 낡고 여기저기 고장이 나서 기능이 제대로 작동하지 않으면 싹 바꾸고 싶은 마음이 간절해진다. 특히 새로 나온 세탁기나 냉장고 텔레비전 등의 광고를 보면 무리를 해서라도 바꾸고 싶어진다. 공부나 일이 잘 안되면 책상 위치를 바꾸거나, 청소를 해서 분위기를 바꾸고 싶은 충동을 느낀다. 그러나 무엇을 바꾼다는 것은 결코 쉬운 일이 아니다. 쓰다 버리는 물건을 바꾸는 일도 쉽지 않지만, 마음가짐이나 습관을 바꾸는 것은 더욱 어렵다. 나아가 자연에 속한 섭리는 어떤 의지나 기술이 있더라도 바꾸는 것이 거의 불가능하다고 하겠다.

예를 들어보자. 무더운 여름, 무성하게 우거진 큰 나무의 그늘 아래서 더위를 피하고 있다. 그 시원한 나무 그늘을 떠나기 싫어서 아예 나무를 뽑아다가 집에 두고 싶다고 생각한다. 그러나 그것은 생각일 뿐 당장 뽑아서 들고 집으로 가지고 올 수 없다. 그저 나무그늘 아래서 좀 더 오랫동안 시원함을 즐기는 것으로 만족해야 한다.

여름이 너무 덥다고 갑자기 계절을 겨울로 바꿀 수 없고, 너무 춥다고 봄을 앞당길 수도 없다. 우리가 할 수 있는 것은 냉방이나 난방을 하는 정도일 것이다. 성별, 외모, 부모, 나라, 학교나 직장을 바꾸는 일은 결코 쉽지 않거나 불가능하다. 이 외에도 우리가 살아가면서 바꾸고 싶어 하는 것은 수없이 많다. 그러나 실제로 바꿀 수 있는 것은 극히 제한적이다.

이때 우리가 할 수 있는 일은 바꿀 수 있는 것과 바꿀 수 없는 것을 구분하고, 가능한 것을 실제로 실현하기 위해 노력하는 것이다. 바꿀 수 없는 대상이나 현실에 불만을 가지고 계속 불평과 한탄을 늘어놓으니, 그 시간에 바꿀 수 있는 부분에 집중하는 것이 삶을 사는 또 하나의 지혜가 된다.

그런 의미에서 어떤 상황과 어떤 문제에 직면했을 때 우리가 가장 확실하게 바꿀 수 있는 것은 바로 우리 자신의 마음이다. '세상만사 마음먹기 달렸다'라는 말처럼 마음은 각자가 자기 뜻대로 바꿀 수 있다. 세상 모든 일은 마음을 어떻게 가지느냐에 따라 얼마든지 달라진다. 쉽게 생각해보면 그냥 부자와 진짜 부자는 마음이 다른 것이다. 일반적인 기준에서 돈이 많다고 하는 사람이라도 늘 자기 재산이 부족하다고 느끼면서 더 가져야 한다고 생각한다면 그는 과연 부자일까 가난한 사람일까?

대부분의 사람들은 자신이 처한 상황을 행복과 연결시키면서, 내가 행복하지 않은 것은 바꿀 수 없는 현실 탓이라고 여기며 살아간다. 하지만 우리에게는 모든 것을 변화시킬 수 있는 한 가지 방법이 있다. 바로 마음을 바꾸는 것이다. 마음을 밝고 긍정적으로 바꾸면 세상도 어느 새 바뀌어 있을 것이다.

자! 이제 처한 상황을 탓하거나 원망하지 말고, 그것을 힘들게 바꾸려 애쓰지 말고, 가장 쉽고 가장 확실하게 모든 것을 바꿀 수 있는 길을 선택하자.

마음을 바꾸는 데 익숙해져 보자. 그러면 세상의 모든 것을 다 바꿀 수 있음을 알게 될 것이다. 때로는 마음을 바꾸는 것이 삶을 행복하게 만드는 방법 중 가장 좋은 방법이 된다.

믿음은
증명보다 위대하다

사회가 발전하고 기술문명이 발달할수록 정, 믿음, 신뢰를 대신해 논리와 법이 사실을 규명하고 있다. 특히 정보통신의 발달에 힘입어 근거를 찾아내는 일이 쉬워졌기 때문인데, CCTV · 녹취록 · 사진 · 문자 및 통신내용 · 컴퓨터 하드의 복원 등으로 과학적이고 합리적인 증거를 확보하고 그것으로 진실을 규명하는 경우를 흔히 볼 수 있다.

기술의 발전은 우리에게 자유를 주기도 하지만, 어떤 면에서는 개인의 일거수일투족이 노출되어 오히려 자유가 억압당하는 측면도 간과할 수 없다. 이런 현실이라면 믿음이

나 신뢰가 사라져가는 것이 당연하다.

　세상이 투명유리처럼 드러난다면 어떻게 될까? 아마 살 수 없을 것이다. 만일 우리 눈이 현미경처럼 미세한 박테리아까지 볼 수 있다면 우리는 어떠한 음식도 먹을 수 없을 것이다. 아무리 깨끗하게 청소를 한다고 해도 온갖 세균이 득실거리는 것을 피할 수 없기 때문이다. 그렇다면 우리 눈이 현미경처럼 미세한 것을 볼 수 없어서 얼마나 다행인가! 박테리아나 더러움을 보지 못하는 대신 깨끗한 것이라 믿고 살 수 있는 세상이 얼마나 아름다운가! 의학적으로도 인간은 적당량의 균이 있어야 건강하게 살 수 있다고 한다. 적당히 괜찮으려니 믿고 사는 것이 행복한 삶이 되고 있는 것이다.

　어떤 일이 생길 때마다 그것을 낱낱이 파헤치고 증명해야 한다면

얼마나 피곤할까? 또 그 비용은 얼마나 많이 지불해야 할 것인가! 기술을 개발하기 위해 지불한 비용보다 더 많은 돈을 써야 할지도 모른다. 불신에 대한 비용으로 말이다.

그렇다면 그 비용이 우리의 삶을 보다 풍요롭고 행복하게 만드는 데 쓰이는가? 굳이 종교인이 아니더라도 '믿음은 증명보다 위대하다'는 것을 느낄 수 있다. 물론 어떤 일의 원인을 철저히 밝혀내서 두 번 다시 그런 문제가 발생하지 않게 한다거나, 죄를 밝혀 정의를 실현해야 할 경우도 있다.

그러나 사안에 따라서는 믿고 기다리고 용납하며 지나가야 할 것도 얼마든지 있다. 만일 모든 일마다 파헤치고 증거를 가지고 논리로 따진다면 해결은커녕 더 깊은 질곡에 빠져들 수도 있을 것이다. 사회가 그런 방향으로 발전할수록 의식적으로라도 믿음과 관용을 내세우는 습관을 길러보자. 우리는 믿음과 관용으로 해결하는 연습을 자주 해야 할 필요가 있다.

행복에 이르는
쉬운 길

행복하게 살고 싶지 않은 사람은 없다. 그래서 모두들 행복하게 살기 위해 나름대로 애쓰고 있는 것이다. 그런데 정작 자신이 행복하다고 느끼는 사람은 많지 않다. 왜 그럴까? 행복하기란 그렇게 어려운 일이란 말인가? 행복을 이루는 쉬운 방법은 없는 것인가? 이 질문의 답을 찾기 위해 행복하지 못한 상황을 생각해보자.

먼저 소유의 문제이다. 우리 중에는 무엇인가를 소유하지 못해 불행하다고 느끼는 경우가 가장 많을 것이다. 이 경우 소유의 목표를 정하고 채우면 행복해질 수 있다. 가장 쉬운 예로, 집이 없어 불행한 사람은 집을 마련하면 행복할 것이므로 노력해서 집을 장만했다고 하자. 그는 집을 장만한 순간 분명 행복을 느낄 것이다. 그러나 그 행복은 계속 될 수 있을까?

분명 그렇지 못할 것이다. 또 다른 결핍이 느껴지고 그로 인해 불행하다고 느끼게 될 것이니 말이다.

　또한 집을 장만하는 과정에서 들인 노력과 수고, 시간들을 생각하면서 허무한 마음에 빠져들 수도 있다. 집을 장만하기 위해 노력한 지난 한 과정이 아까울 수도 있고 때로는 목표를 이루는 데 너무 오래 걸린 나머지 행복을 누릴 시간이 별로 없을 수도 있다. 여기서는 단순히 집 마련을 예로 들었지만 소유나 성취를 위해 일생 동안 고통을 감내하면서 소중한 것들을 포기해야 하는 경우가 얼마나 많은가.

　진짜 어이없는 경우는 다음과 같다. 돈을 많이 가지면 행복할 것이라 여겼다. 그래서 큰돈을 모았는데 정작 그 돈을 쓰지 못하고 죽는 것이다. 평범한 대다수의 사람들이 평생 동안 자기 자신을 위해 하루에 가장 많은 액수의 돈을 쓰는 것은 언제일까? 아마도 요즘처럼 장례비용이 많이 든다면 죽고 난 후 3일간이 아

닐까? 평생 고생하며 모은 돈을 제대로 써보지도 못하고 죽었다는 이야기는 우리 주변에 흔히 볼 수 있는 서글픈 사례이다. 대부분의 사람들이 그런 이야기를 들으면 혀를 차며 인간의 어리석음과 허무함을 느

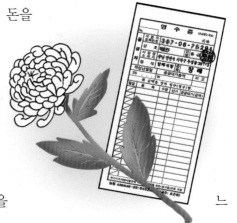

낀다. 따라서 소유의 문제는 행복의 결정적 요인이 될 수 없다.

다음은 비교의 문제이다. 많은 사람들은 자신을 타인과 비교하며 불행해 한다. 인간은 상대적인 평가에 민감하고 무엇이든 비교우위에 있는 것이 좋다고 생각한다. 그러나 깊이 따져보면 소유나 지위, 잘되고 못되는 것에 대한 절대적 가치는 없다. 그저 남과 비교하여 느끼는 감정일 뿐인 것이다. 따라서 비교하지 않는다면 자신이 불행하다고 느끼는 일은 많이 줄어들 것이다.

이상에서 사람이 불행하다고 느끼는 경우를 알아보았다. 이제 행복하다고 느끼는 경우에 대해 이야기해보자.

먼저 현재보다 부족했던 상황을 기억하는 것이다. 사실 우리는 과거에 비해 엄청난 풍요를 누리고 있다. 오늘날 아무리 형편이 좋지 않은 사람이라도 백 년 전 사람들과 비교해 보면 너무나 편리하고 풍족한 삶을 살고 있다. 그것은 물질인 풍요에 국한되지 않는다. 배움이나 지식 등에서도 과거 사람들과는 비교할 수 없을 만큼 많은 것을 알고 누리고 있다.

특히 정보기술 면에서 우리는 옛날 사람들이 꿈에서도 생각하지 못했던 일들을 직접 체험하고 있다. 불과 얼마 전만하더라도 한 마을에 전화가 한 대도 없었는데, 지금은 거의 모든 국민이 핸드폰과 스마트폰을 일상적으로 사용한다.

과거 왕들과 비교해보면 더 실감이 날 것이다. 역사 속의 아무리

위대하고 절대 권력을 가진 왕도 지금 우리가 타고 다니는 자동차를 소유하지 못했다. 멀리 떨어진 사람이 보고 싶다고 곧바로 얼굴을 마주해서 이야기를 나눌 수도 없었다. 이런 사소한 비교만으로도 우리는 너무나 풍족한 생활을 하고 있음을 알 수 있다.

같은 맥락에서 욕심의 그릇을 작게 하면 우리는 행복해질 수 있다. 술을 즐기는 사람에게 맥주잔에 소주로 반잔을 주면 한잔도 안 주냐고 불평한다. 그런데 맥주잔을 소주잔으로 바꾸면 이렇게 넘치게 많이 준다고 좋아한다. 받는 사람이 잔의 크기를 바꾸니 주는 사람이 같은 양을 주고도 만족이 되는 것이다.

또 하나 행복해지는 방법을 소개한다. 기대치를 낮추고 반드시 실행하면 행복해진다. 옛날 어떤 거지가 있었다. 그는 초겨울 이른 아침에 배가 고파 "찬밥이라도 한 그릇 먹었으면 소원이 없겠네!"라고 중얼거리며 움막을 나섰다.

어느 집 대문 앞에 이르러, 그는 자기가 할 수 있는 유일한 장기인 각설이타령을 멋지게 불렀다. 이 노래를 들은 주인이 멋진 가락에 탄복한 나머지, 김이 모락모락 나는 따뜻한 밥 한 그릇을 줬다면 거지는 얼마나 행복할 것인가.

거지에게는 처음부터 찬밥 더운밥이 문제가 아니었다. 그저 배를 채울 밥 한 그릇만 먹으면 좋겠다고 생각했다. 그래서 최선을 다해 각설이타령을 불렀다. 그런데 생각지도 않게 따뜻한 밥을 얻게 되었으니 만족을 넘어 행복을 느낄 수 있는 것이다.

　살아가면서 이런 작은 행복의 원칙들을 늘 기억해두자. 그리고 그때그때 필요할 때마다 실천에 옮긴다면 만족을 넘어 행복이 성큼 다가올 것이다.

행복을
만끽하려면……

언젠가 암도 스님의 강의를 들은 적이 있다. 그분 말씀 중에 오래 도록 되새기게 되는 내용이 있었는데, 새롭게 이야기 해보고자 한 다. 그것은 사람이 즐겁게 살려면 체력 · 법력 · 재력 · 권력 · 매력 (體力 · 法力 · 財力 · 權力 · 魅力)의 5력(五力)이 있어야 하고 탐 · 진 · 치 (貪 · 瞋 · 痴) 이 3가지를 버려야 한다는 것이다.

먼저 즐겁게 살기 위한 필수조건인 五力에 대해 생각해보자.

체력

튼튼하고 건강해야 한다. 몸이 아프고 병들어 있으면 다른 어떤 것 이 잘 되도 즐거울 수가 없을 것이다. 좋은 경치와 맛난 음식 등 눈 과 귀와 입을 즐겁게 해주는 것들이 있어도, 몸이 아프면 그것을 느

끼고 기뻐할 수 없다. 단지 느끼지 못
하고 기뻐하지 못하는 것뿐 아니
라 몸이 아프면 괴롭고 마음도 약
해진다. 신경도 예민해져서 주위
사람들에게도 피해를 준다.

　몸의 건강은 삶의 가장 기본적
인 조건이다. 그래서 늘 안전하고
건강하게 관리해야 한다. '체력은 국력이다'
라는 표어까지 만들어서 국민들의 체력 증진을 국가적 차원에서 추
진하는 것도 이런 이유 때문이다. 스스로 관심을 기울이고 규칙적으
로 노력을 한다면 누구나 보다 나은 체력은 가질 수 있다.

법력

　기준을 잡고 흔들림이 없어야 한다. 살다 보면 여러 가지 유혹과
난관에 처한다. 술 · 도박 · 게임 등에 빠질 수 있고 불의나 불법에
유혹되기도 한다. 누구나 순간적으로 이런 유혹에 빠져들 수 있다.
그러나 빠져서 헤어 나오지 못하고, 스스로를 제어하지 못할 정도로
망가지면 돌이키기 힘들게 된다.

　이런 경우 유혹 자체는 문제가 아니다. 원래 상태로 돌아오지 못할
만큼 깊이 빠져드는 것이 진짜 문제이다. 넘어지더라도 다시 일어설
수 있다면 아무런 문제가 되지 않고, 오히려 그것이 인생을 더 풍성
하게 할 수도 있다. 다시 균형을 잡을 수만 있다면 말이다.

진정한 즐거움은 쾌락에 빠져드는 것이 아니라 그것을 조절하는 능력에서 나온다. 적당히 즐기고 되돌아와서 또 다른 즐거움을 다양하게 누리면서 인생을 즐길 수 있어야 한다. 그러려면 평소에 스스로의 기준을 가지고 내공을 쌓으면서 힘을 길러야 한다.

재력

즐겁게 살려면 적당한 돈이 있어야 한다. 기본적인 생활이 어려울 정도로 궁핍하다면 즐겁기가 힘들 것이다. 누구를 만나 소주 한 잔을 기울여도 편하게 사줄 여유가 없다면 그 자리가 즐겁기만 할 수 있겠는가. 그러나 적당한 재력을 갖기란 결코 쉽지 않다. 그런데 이렇게 생각해보면 어떨까?

곰곰이 따져 보면 우리 모두는 이미 기본적인 재력이 있다. 집만 해도 세 채 또는 네 채인 다주택 소유자이다. 왜 그럴까? 누구나 태어나면 宇宙라는 집을 한 채씩 갖게 된다. 우주란 '집 우(宇)' 자와 '집 주(宙)' 자를 합한 것이다. 우주라는 집은 만인에게 평등하게 무상으로 제공된다. 國家라는 집 한 채도 있다. 여기서 家는 '집 가'이다. 지구상에는 국가가 없는 민족도 있다. 그러나 우리는 대한민국이라는 국가를 가지고 있기에 국민 모두는 국가라는 집을 한 채씩 가지고 있는 셈이다. 그리고 또 다른 집으로 우리가 잠자고 생활하는 家屋이 있다. 이것은 누구나 있는 것은 아니고 돈 좀 모은 사람들이 가지게 된다. 따라서 있을 수도 있고 없을 수도 있다. 마지막으로 누구에게나 있는 '몸'이 바로 우리의 집이다. 이 몸집이 튼튼하면 무엇을 해서든 돈을 모을 수 있고 재력가가 될 수 있다. 재력의 출발은 자신감이다. 우리 모두 이 세상에 태어난 것만으로도 여러 채의 집을 가진 부자라고 생각하고 자신감을 가지고 살아보자.

권력

흔히 권력이라고 하면 어떤 직책을 생각한다. 대통령, 국회의원, 회장, 무슨 조직의 장, 아버지·어머니, 선생님, 선배, 목사, 스님 등. 그러나 직책 자체가 권력이 되는 것은 아니다. 다른 사람들이 그 직책을 가진 사람을 존경하고 따를 수 있어야 진정한 권력이 된다.

리더십 중 팔로우 리더십을 가져야 한다. 이것을 얻기 위해서는 엄청난 노력과 자기성찰, 진정성과 희생정신, 솔선수범과 봉사정신이 있어야 한다. 말로 하는 지시보다 행동으로, 단순한 행동보다 진정한 동의를 이끌어 내는 열정으로 사람들이 스스로 움직이게 할 수 있어야 한다.

권력의 핵심은 어려움에 좌절하지 않고 자신과 타인을 일어서게 하는 긍정적 능력과 열정이다.

매력

외모가 아름답고 옷을 잘 입고 언변이 좋다고 모두가 매력을 느끼진 않는다. 딱히 꼬집어 말할 수 없지만 왠지 끌리고, 모임에 그 사람이 없으면 허전하다. 이렇게 은은한 향기로 모든 사람들에게 긴 여운을 남기는 사람을 우리는 '매력 있다'고 평가한다.

따라서 그 누구라도 매력을 가질 수 있다. 매력은 어떤 조건에 제한되는 것이 아니기 때문에 각자 자신만의 매력을 가질 수 있는 것이다. 때로는 눈치만 빨라도 되고, 유머감각이 있어도 되고, 미소를 잘 지어도 되고, 성질 날 때 한 발짝 물러설 줄 알아도 되고, 칭찬할 줄 알고, 감사할 줄 알고, 따뜻한 마음이 있는 것만으로도 얼마든지 매력적인 사람이 될 수 있다.

이 오력만 가지고도 충분히 행복을 맛볼 수 있다. 그러나 진정으로 행복을 만끽하려면 오력에 더하여 3가지를 버려야 한다.

먼저 貪(탐낼 탐)을 버려야 한다. 말 그대로 욕심을 버리는 것이다. 세속을 사는 우리에게 욕심을 버린다는 것은 힘든 일이다. 죽으면 한줌 흙으로 돌아간다는 것을 누구나 알고 있다. 그러나 사는 동안 온갖 무겁고 어지러운 번뇌를 다스리지 못하는 것을 보면 참으로 안타까울 따름이다. 탐욕이 얼마나 자신을 망치는지에 대해 몇 가지 예를 들어보자. 食貪 즉, 먹을 것에 욕심내면 체면도 떨어지고 비만이나 성인병으로 즐거움은 고사하고 삶 자체가 고통스러워질 것이다. 色貪, 바람기 많아서 무절제한 삶을 살면 순간의 쾌락이 지나면 불안정하고 허무한 인생이 된다. 酒貪, 술은 인류가 즐겨온 가장 오랜 음식 중 하나로 팍팍한 인생살이에 많은 위로를 준다. 그러나 술을 이길 수 없는 수준(사람에 따라 상대적이다)까지 탐닉한 나머지 인생을 망치는 경우도 있다. 이렇듯 즐거움을 위해 지나치게 탐닉하면 오히려 삶은 고통에 빠져든다. 진정한 즐거움을 위해서는 욕심을 제어하고 탐닉에서 자유로워야 한다.

瞋(부릅뜰 진)을 버려야 한다. 瞋이라는 한자의 뜻은 '부릅뜨다, 성내다'이다. 개인적으로 瞋이 강하다는 것은 '고집불통'의 의미로 생각한다. 자기 생각에 빠져 그 이외의 것은 보려 하지 않고 본인이 경험한 것이 전부라고 여겨 우겨댄다. 그래서 결국에는 타인과의 소통이 전혀 되지 않는 상태가 고집불통일 것이다.

瞋이 지나치면 아집(我執)이 되고, 아집에 사로잡히면 세상과 멀어져 자기만의 세계에 갇힌다.

瞋을 하루빨리 버려야 한다. 한 사람의 경험과 지식은 아주 미약하다. 한 사람이 살아가는 동안 얼마나 많은 경험을 할 수 있겠는가? 최대한 많은 사람들과 지식과 경험을 공유하고 어디서나 누구에게나 적용되는 범용성 있는 지식과 지혜를 갖추어야 한다. 무엇을 알게된다는 것이 참으로 즐거운 일이 되려면 반드시 그래야 한다.

痴(어리석을 치)를 버려야 한다. 痴는 어리석다는 뜻인데, '병질 엄(疒)'과 '알 지(知)'로 구성된 한자이다. '알긴 아는데, 병든 것만 알고 있다'는 뜻으로 남을 험담하고 욕하고 폄하하는 것을 의미한다. 다른 사람의 단점을 지적하고 흥보는 것은 잠깐은 즐거울 수도 있다. 그러나 습관이 되면 늘 부정적인 면만 생각하고 그것만 보게 되므로 전혀 즐거워해서는 안 된다. 상대는 나를 비추는 거울이다. 따라서 누군가의 단점을 보게 된다면 자신을 먼저 돌아봐야 한다. 그것이 나를 위하는 길이다.

누구나 위의 5가지 힘을 갖추고 3가지를 버릴 수 있다면 삶이 즐겁게 바뀔 것이다. 즐거우면 저절로 행복해진다. '행복해서 웃는 것이 아니라. 웃으니까 행복하더라' 라는 말 속에도 참의미가 있다. 웃으려면 먼저 즐거운 일들이 많아야 한다. 즐거운 일을 만들어야 한다. 그래서 즐거우니까 웃는 것이고 웃으니까 행복해지는 것이다.

즐거운 인생을 사는 것은 그리 어려운 일이 아니다. 어찌 보면 우리 모두는 적든 많든 이미 오력을 가지고 있다고 할 수 있다. 오력을 갖추고 세 가지 행복을 방해하는 것들을 과감히 버린다면 누구나 행복을 만끽할 수 있다.

없는 행운 찾지 말고
현재의 행복을 누려라

어린 시절 토끼에게 먹이를 주기 위해 클로버를 뜯고, 꽃으로 반지를 만들어 본 기억이 있는가? 이런 기억들은 마음을 따뜻하게 하는 추억거리가 된다.

네 잎 클로버가 행운을 준다고 해서 쪼그려 앉아 몇 시간씩 찾던 기억도 있을 것이다. 주변의 세 잎 클로버를 밟으면서 찾다가 어쩌다 하나를 발견하면 책 사이에 조심스레 넣어두기도 했다. 그래서인지 어렸을 때뿐 아니라 성인이 되어서도 클로버가 눈에 띄면 자연스레 네 잎 클로버를 찾게 된다.

사람들이 굳이 네 잎 클로버에 집착하고 그것을 가지려 노력하는 것은, 네 잎 클로버가 행운을 가져다준다고 생각하기 때문이다. 그런데 과연 그런가? 게다가 우리는 하나의 행운을 찾기 위해 수많은 세 잎 클로버를 짓밟았다. 세 잎 클로버의 꽃말은 행복이다.

　어쩌면 이러한 모습은 행운과 행복이 주는 만족감이 다름에도 편중되어 찾고자 하는 우리의 어리석음을 보여주고 있는지도 모른다.

　네 잎 클로버를 찾으려고 풀밭을 헤매는 모습을 보자. 하나의 행운을 얻기 위해 일상의 많은 행복들을 짓밟고 희생시키는 지금의 우리 모습과 너무나 흡사하지 않은가?

　모두들 행운을 얻기 위해 노력하지만, 사실 행운은 노력한다고 반드시 얻어지는 것이 아니다. 말 그대로 운이기 때문이다. 이에 비해 행복은 우리가 노력한 만큼, 마음먹기에 따라서 얼마든지 누릴 수 있다.

　행운은 그것을 잡았다 하더라도 불로소득이라서 금방 사라지는 경우가 흔하다. 하지만 행복은 노력에 의해 얻어지기 때문에 좀처럼 사라지지도 않고, 잃어버릴 염려도 없다.

　행운은 많지도 않고 우리에게 다가올

확률도 아주 낮다. 그러나 행복은 지천에 널려있고 우리가 가질 수 있는 확률도 아주 높다.

실리 없는 행운을 위해 수많은 행복을 짓밟지 말고, 우리 앞에 펼쳐진 행복을 놓치지 말고 마음껏 누리는 것이 계산상으로도 맞다.

살아가면서 행운의 네 잎 클로버를 찾기 위해 지천에 깔린 행복의 세 잎 클로버를 짓밟은 사례는 무수히 많다.

돼지띠인 '김행운'이라는 사람이 개띠해에 일이 잘 풀리지 않자, 그 다음 해인 돼지해에는 큰 행운이 올 거라고 믿었다. 그래서 그는 개띠해가 지나가기만을 바라며 허송세월로 보냈다고 해보자. 그 다음 돼지해에 김행운에게 행운이 오지 않는다면, 그는 그저 시간을 흘려보냈을 뿐 얻는 것은 아무것도 없다. 김행운은 기약 없는 행운을 기다리면서 두 번 다시 되돌릴 수 없는 행복의 시간들을 낭비한 것이다.

막연한 행운을 기다리는 대신 지금 이 순간의 소중한 시간들을 잘 활용해 행복을 누린다면 어떻게 될까? 만약 다음 해에 행운이 온다면 더 좋은 일이고, 오지 않는다고 해도 손해 볼 것이 없게 될 것이다. 이처럼 미래의 행운을 바라는 사람들이 간과하는 것이 바로 현재의 행복이다.

일상의 소소한 즐거움과 행복은 현재라는 순간 속에서 우리가 결코 흘려보내지 말고 반드시 잡아야 할 소중한 것들이다. 책이나 영화를 보며 다른 인생을 체험하거나 행복에 젖어보는 것도 좋다. 좋은 날 야외로 나가서 자연 속에서 쾌적함을 느낄 수도 있고 어려운 곳을 찾아가 봉사활동을 하면서 보람을 느낄 수도 있다. 이렇게 지금 이 순간 우리가 누릴 수 있는 행복은 너무나도 많다. 막연한 행운을 찾는 데 시간을 낭비하지 말고 내 앞에 펼쳐진 행복을 놓치지 않도록 하자.

말과 글이 주는 기쁨과 즐거움을 만끽하라

　우리에게 말과 글이 없었다면 어떻게 되었을까? 심각하고 복잡한 문제들을 접어두고서라도, 아마 너무나 답답하고 재미가 없었을 것 같다.

　지구상에는 아직도 많은 사람들이 글을 모른 채 살고 있다. 그들의 삶에는 좋은 글을 읽거나 생각을 글로 표현하는 기쁨이 없다. 이러한 글이 주는 기쁨은 생각보다 엄청나다! 글이 없는 세상도 상상하기 싫은데, 하물며 말을 못하는 세상은 어떠할까? 말과 글은 불편함 없이 사용하고 있을 때는 모르지만, 그렇지 못할 경우를 생각해보면 참으로 중

요한 것이다.

생각과 마음을 자유롭게 표현을 할 수 있다는 것은 우리의 삶에 없어서는 안 될 매우 중요한 부분이다. 말과 글을 잘 구사하여 만끽할 때 우리 삶은 더 풍요롭고 행복해진다.

말과 글은 특히 유희적 측면에서 그 가치가 뛰어나다. 아름다운 시나 재미있는 노랫말, 그리고 감동적인 연설문, 성현의 가르침 등은 그것을 듣고 읽고 음미하는 이의 마음을 안정시키고, 상심했을 때 큰 위로가 되기도 한다. 잘못된 길을 걷고 있을 때 올바른 방향으로 인생을 돌이키게도 한다.

김영랑의 시 '돌담에 속삭이는 햇발같이'를 가만히 읊어보자.

돌담에 속삭이는 햇발같이
풀 아래 웃음짓는 샘물같이
내 마음 고요히 고운 봄길 위에
오늘 하루 하늘을 우러르고 싶다
새악시 볼에 떠오는 부끄럼같이
시의 가슴에 살포시 젖는 물결같이
보드레한 에메랄드 얇게 흐르는
실비단 하늘을 바라보고 싶다.

이 얼마나 아름다운 언어의 유희인가! 마음이 평온하고 한 폭의 동양화를 보는듯하며 행복감이 밀려오지 않는가?

신유의 '꽃물'이라는 노래를 들어보자.

> 꽃물이 들었어요
> 외로웠던 나의 가슴에
> 빨강 노랑 분홍빛에 곱디고운 사랑의 꽃물이
> 어서 내게로 오세요
> 어서 손잡아 주세요 나는 그대 남자예요
> 하나도 아낌없이 하나도 남김없이 모두 모두 줄게요
> 눈물일랑 주지 말아요
> 아픔일랑 주지 말아요
> 이제는 그대만이 나에게 전부예요
> 영원히 영원히 영원히
> 꽃물 든 나의 가슴에 상처를 주지 마세요
> 그대를 사랑합니다
> 그대를 사랑합니다.

무지개 빛깔이 눈에 아른거리고 애절한 사랑의 감정이 스며들지 않는가?

그런가하면 링컨의 연설문은 교과서에도 실릴 만큼 유명하다. 유명한 정치인들 중에는 정책이나 행정적 능력보다도 감동적인 연설로 국민의 마음을 열고 리더십을 발휘하는 경우가 많다. 3.1운동 당시 육당 최남선이 작성하고 손병희 등 민족대표 33인이 공동 서명한 독립선언문도 그런 경우라 할 것이다. 역사적으로도 큰 의미를 갖지만 언제 보아도 호소력 있는 문장이다.

"오등(吾等)은 자(玆)에 아조선(我朝鮮)의 독립국(獨立國)임과 조선인(朝鮮人)의 자유민(自由民)임을 선언(宣言)하노라. 차(此)로써 세계만방(世界萬邦)에 고(告)하여 인류평등(人類平等)의 대의(大義)를 극명(克明)하며, 차(此)로써 자손만대(子孫萬代)에 고(誥)하여 민족자존(民族自存)의 정권(正權)을 영유(永有)ㅎ게 하노라. 반만년역사(半萬年歷史)의 권위(權威)를 장(仗)하여 차(此)를 선언(宣言)함이며, 이천만 민중(二千萬民衆)의 성충(誠忠)을 합(合)하여 차(此)를 포명(佈明)함이며, 민족(民族)의 항구여일(恒久如一)한 자유발전(自由發展)을 위하여 차(此)를 주장(主張)함이며, 인류적 양심(人類的良心)의 발로(發露)에 기인(基因)한 세계개조(世界改造)의 대기운(大機運)에 순응병진(順應并進)하기 위(爲)하여 차

(此)를 제기(提起)함이니, 시(是)천(天)의 명명(明命)이며, 시대(時代)의 대세(大勢)이며, 전인류공존동생권(全人類共存同生權)의 정당(正當)한 발동(發動)이라, 천하하물(天下何物)이든지 차(此)를 저지억제(沮止抑制)하지 못할지니라 (중략)"

  큰 신앙심이 없더라도 성경이나 불경의 구절은 우리에게 얼마나 위로를 주는가? 가슴 속 막막한 어둠을 얼마나 자주 밝혀주고 있는가?
  나는 아직까지는 혼자서 술을 마셔보지 않았다. 여러 사람이 함께하는 술자리라면 어지간해서는 피하지 않고 어울리려는 생각 때문이다. 때로는 피곤하고 술을 마시는 일이 부담이 될 때도 있었지만, 피할 수 없다면 즐기자는 생각으로 임해왔다. 그래서인지 어느 날부터는 술이 주는 이로움에 눈뜨게 되었다. 한마디로 말해 술은 여럿이 함께 소통하는 데 많은 유익을 주고 인맥을 쌓는 데도 도움이 된다. 그래서 술 먹는 자리가 생기면 평소 좋아하는 이태백의 시를 패러디한 자작시 '즐겁게 살자'를 읊으면서 함께한 사람들에게 들려주곤 한다. 그 시를 여기서 소개하면서 글을 마치도록 하겠다.

즐겁게 살자 (1)

(이백의 將進酒를 약 40% 인용함)

아침에 검푸른 머리카락 저녁이 되니

흰눈같이 쌓여있구나

사람으로 태어났으면

모름지기 기쁨을 다 누려야 할지니

즐거울 때 맘껏 즐겨라

기회 왔을 때 거절 말고 즐기세나

황금 술잔 헛되이 달빛을 마주하지 말라(부어라)

술잔을 들었으면

비우기 전까지 잔을 놓지 말아라(마셔라)

모름지기 인생을 즐길 줄 아는 사람은

술을 300잔 마셨을 때 술을 먹었다 할 것이요

오늘 그대에게 술을 올리나니

그대 거절하지 마오

부디 오래 취하여

제발 깨지 말았으면 좋겠네

옛 성현의 이름은 기억나지 않지만

오늘 술잔을 마주했던 그대 이름은

내 기억하리라

오늘밤 그대와 함께 술잔을 기울이며

만고의 시름을 삭이자꾸나

즐겁게 살자 (2)

(이백의 春夜宴桃李園序를 약 30% 인용함)

대자연은 우리네 육신이 쉬어가는 아름다운 집이요

시간은 우리네 육신이 영원히 살 수 있게

주어지지 않는구나

인생이란 한바탕 꿈처럼 덧없으니

기쁨을 누린들 얼마나 계속되겠는가?

옛사람들이 촛불을 밝히고 밤새워 노닌 것은

참으로 그 까닭이 있음이로다.

하물며 화창한 봄날이

초록빛과 꽃향기 그윽한 황홀한 경치로 우리를 부르며

대자연은 우리에게 사는 동안

주인공이 되라 하는구나

활짝 핀 아름다운 꽃동산에 모여

한잔 기울이며 담소를 나누어보자

자 화려한 연회를 열어 꽃 사이에 앉고

술잔을 날리며 달빛에 취하여보자

세상에 이런 즐거움이 어디 있겠는가?

가장 사랑하고 고마운 당신과 함께 한잔기울이니!!

만일 한 말 술을 마시지 못하면

우리네 영혼은 시름에 가득 차 지옥행이요

너와 나 함께 한말 술에 시름을 털어버리면
우리는 대자연과 함께 영원하리라!

즐겁게 살자 (3)

(이백의 月下獨酌를 약 20% 인용함)

소복이 쌓인 단풍잎 위에 놓여 있는 한 병의 술을,
홀로 마시자니 그리운 벗이 생각나는구나!
한잔 들어 친구들을 부르니 한걸음에 달려오네!
나를 포함 7명이 되었구나!
우리 화색 찬란한 단풍이 다 지기 전에 맘껏 즐겨보세!
석 잔 술에 원수와도 통하는데, 한잔만 기울여도 우린 하나
일세!
한 말 술! 기울여보자! 너와 나, 자연이 하나가 되었구나!

어느새 너의 볼, 나의 볼에 불그스레 단풍이 들었네!
소복이 쌓인 단풍은 자연의 것인가? 우리네 볼이 누워있는가?
구분하기 어렵구나!
우리 한잔 더 기울이며 만고의 시름을 삭이자꾸나!

다만 술 가운데 멋만 얻을 뿐이니

술 모르는 이에게는 전하지 말게나!

우리 몸이 있는 것조차 알지 못하니
이런 즐거움이 최고의 기쁨이로다.

영원히 우정의 교류를 맺어
아득한 은하수를 두고 서로 기약하자!

죽어서도 다시 만나 즐겁게 지내자고!
영원히 지지 않는 저 하늘의 영롱한 별빛 속에서!!

자! 이제부터 세종대왕께서 만들고 선조들이 물려준 우리의 한글을 자유자재로 퍼즐게임처럼 조합해보자. 그리고 언어의 즐거움을 마음껏 표현하고 쏟아내면서 항상 웃음이 넘치고 즐거움에 미쳐버린 행복한 삶을 누려보자.